Marcio Aurelio
O que estava atrás da cortina?

Marcio Aurelio

AGUINALDO CRISTOFANI RIBEIRO DA CUNHA

O que estava
atrás da cortina?

imprensaoficial

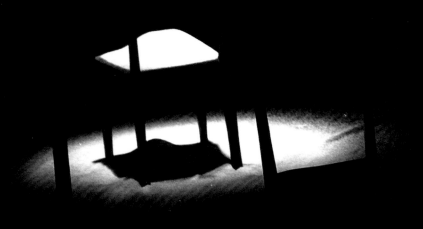

GOVERNO DO ESTADO
DE SÃO PAULO

Governador   Alberto Goldman

imprensaoficial   Imprensa Oficial do Estado de São Paulo

Diretor-presidente   Hubert Alquéres

Coleção Aplauso
Coordenador Geral   Rubens Ewald Filho

No passado está a história do futuro

A Imprensa Oficial muito tem contribuído com a sociedade no papel que lhe cabe: a democratização de conhecimento por meio da leitura.

A Coleção Aplauso, lançada em 2004, é um exemplo bem-sucedido desse intento. Os temas nela abordados, como biografias de atores, diretores e dramaturgos, são garantia de que um fragmento da memória cultural do país será preservado. Por meio de conversas informais com jornalistas, a história dos artistas é transcrita em primeira pessoa, o que confere grande fluidez ao texto, conquistando mais e mais leitores.

Assim, muitas dessas figuras que tiveram importância fundamental para as artes cênicas brasileiras têm sido resgatadas do esquecimento. Mesmo o nome daqueles que já partiram são frequentemente evocados pela voz de seus companheiros de palco ou de seus biógrafos. Ou seja, nessas histórias que se cruzam, verdadeiros mitos são redescobertos e imortalizados.

E não só o público tem reconhecido a importância e a qualidade da Aplauso. Em 2008, a Coleção foi laureada com o mais importante prêmio da área editorial do Brasil: o Jabuti. Concedido pela Câmara Brasileira do Livro (CBL), a edição especial sobre Raul Cortez ganhou na categoria biografia.

Mas o que começou modestamente tomou vulto e novos temas passaram a integrar a Coleção ao longo desses anos. Hoje, a Aplauso inclui inúmeros outros temas correlatos como a história das pioneiras TVs brasileiras, companhias de dança, roteiros de filmes, peças de teatro e uma parte dedicada à música, com biografias de compositores, cantores, maestros, etc.

Para o final deste ano de 2010, está previsto o lançamento de 80 títulos, que se juntarão aos 220 já lançados até aqui. Destes, a maioria foi disponibilizada em acervo digital que pode ser acessado pela internet gratuitamente. Sem dúvida, essa ação constitui grande passo para difusão da nossa cultura entre estudantes, pesquisadores e leitores simplesmente interessados nas histórias.

Com tudo isso, a Coleção Aplauso passa a fazer parte ela própria de uma história na qual personagens ficcionais se misturam à daqueles que os criaram, e que por sua vez compõe algumas páginas de outra muito maior: a história do Brasil.

Boa leitura.

ALBERTO GOLDMAN
Governador do Estado de São Paulo

COLEÇÃO APLAUSO ESPECIAL

O que lembro, tenho.

Guimarães Rosa

A *Coleção Aplauso,* concebida pela Imprensa Oficial, visa resgatar a memória da cultura nacional, biografando atores, atrizes e diretores que compõem a cena brasileira nas áreas de cinema, teatro e televisão. Foram selecionados escritores com largo currículo em jornalismo cultural para esse trabalho em que a história cênica e audiovisual brasileiras vem sendo reconstituída de maneira singular. Em entrevistas e encontros sucessivos estreita-se o contato entre biógrafos e biografados. Arquivos de documentos e imagens são pesquisados, e o universo que se reconstitui a partir do cotidiano e do fazer dessas personalidades permite reconstruir sua trajetória.

A decisão sobre o depoimento de cada um na primeira pessoa mantém o aspecto de tradição oral dos relatos, tornando o texto coloquial, como se o biografado falasse diretamente ao leitor.

Um aspecto importante da *Coleção* é que os resultados obtidos ultrapassam simples registros biográficos, revelando ao leitor facetas que também caracterizam o artista e seu ofício. Biógrafo e biografado se colocaram em reflexões que se estenderam sobre a formação intelectual e ideológica do artista, contextualizada na história brasileira.

São inúmeros os artistas a apontar o importante papel que tiveram os livros e a leitura em sua vida, deixando transparecer a firmeza do pensamento crítico ou denunciando preconceitos seculares que atrasaram e continuam atrasando nosso país. Muitos mostraram a importância para a sua formação terem atuado tanto no teatro quanto no cinema e na televisão, adquirindo, linguagens diferenciadas - analisando-as com suas particularidades.

Muitos títulos exploram o universo íntimo e psicológico do artista, revelando as circunstâncias que o conduziram à arte, como se abrigasse em si mesmo desde sempre, a complexidade dos personagens.

São livros que, além de atrair o grande público, interessarão igualmente aos estudiosos das artes cênicas, pois na *Coleção Aplauso* foi discutido o processo de criação que concerne ao teatro, ao cinema e à televisão. Foram abordadas a construção dos personagens, a análise, a história, a importância e a atualidade de alguns deles. Também foram examinados o relacionamento dos artistas com seus pares e diretores, os processos e as possibilidades de correção de erros no exercício do teatro e do cinema, a diferença entre esses veículos e a expressão de suas linguagens.

Se algum fator específico conduziu ao sucesso da *Coleção Aplauso* – e merece ser destacado –, é o interesse do leitor brasileiro em conhecer o percurso cultural de seu país.

À Imprensa Oficial e sua equipe coube reunir um bom time de jornalistas, organizar com eficácia a pesquisa documental e iconográfica e contar com a disposição e o empenho dos artistas, diretores, dramaturgos e roteiristas. Com a *Coleção* em curso, configurada e com identidade consolidada, constatamos que os sortilégios que envolvem palco, cenas, coxias, sets de filmagem, textos, imagens e palavras conjugados, e todos esses seres especiais – que neste universo transitam, transmutam e vivem – também nos tomaram e sensibilizaram.

É esse material cultural e de reflexão que pode ser agora compartilhado com os leitores de todo o Brasil.

HUBERT ALQUÉRES
Diretor-presidente da
Imprensa Oficial do Estado de São Paulo

Sumário

Apresentação Aguinaldo Cristofani Ribeiro da Cunha **18** **Capítulo I** – Minha cidade: Piraju **18**

Capítulo II – Origens: Minha Família **20** **Capítulo III** – Em Meio às Celebrações Cívicas e Religiosas **26**

Capítulo IV – O Teatro: Lugar Onde se Vai Ver **29** **Capítulo V** – A Escola e o Teatro **32**

Capítulo VI – A Estreia **40** **Capítulo VII** – Início de uma Carreira - O Diretor **50**

Capítulo VIII – Anos 80 - A Primeira Metade **66** **Capítulo IX** – Anos 80 - A Segunda Metade **84**

Capítulo X – Os Anos 1990 para a Virada - Uma nova Companhia Teatral **104**

Apresentação

Este livro começou a ser escrito em novembro de 2004. Depois de muitas paradas motivadas por compromissos profissionais – tanto de Marcio Aurelio, um diretor de teatro incansável, com pauta cheia o ano inteiro, quanto meus – e frequentes retomadas, finalmente o concluímos, agora, em julho de 2010!

Indicado para escrever o livro por dois amigos, Alcides Nogueira (querido colega da Academia de Direito do Largo de São Francisco, as gloriosas Arcadas, na década de 1970) e Tuna Dwek (companheira de longa data, sempre presente, afetiva, generosa, a querida *madrinha* deste livro), entusiasmado com a perspectiva de trabalhar com alguém como Marcio Aurelio, cujo trabalho no teatro brasileiro admiro desde os anos 1970, aceitei de pronto o convite da coordenação da Coleção Aplauso (coleção maravilhosa, registro marcante das artes e da cultura brasileiras, a qual recebeu o Troféu APCA em 2009, homenagem expressiva da Associação Paulista de Críticos de Arte à Imprensa Oficial e à essa formidável coleção de memória artística).

Se acompanhava de longe o trabalho de Marcio Aurelio (desde, na verdade, a montagem de *Tietê, Tietê*, em 1979), fui conhecê-lo pessoalmente somente em 2001, durante a temporada de *Édipo Rei*, uma das marcantes montagens da Companhia Razões Inversas, no Teatro Brasileiro de Comédia. Mas um relacionamento mais próximo entre nós só teria início com a estreia de *Pólvora e Poesia*, no Centro Cultural Branco do Brasil, em São Paulo. Temporada de sucesso, público e crítica prestigiando a parceria (mais uma! parceria famosa no teatro brasileiro) de Alcides e Marcio – texto impecável, espetáculo de primeira qualidade. Ficamos próximos, então. Afinal tínhamos trabalhos paralelos, ele no palco, eu na crítica, mas ainda não amigos. A amizade, que reforçou de minha parte a antiga admiração, veio com este livro.

Iniciado o trabalho, Marcio Aurelio e eu passamos a nos encontrar no belo e amplo apartamento que ele tem na Avenida Angélica, em São Paulo, com frente para a Praça Buenos Aires, a fim de trocarmos ideias sobre como seria este livro. Definidos os passos a serem dados, definida a forma, vieram os depoimentos, as conversas. Quanto assunto!!!

Tardes de muita conversa, lembranças, a memória rebuscando o passado. Que belo depoimento o de Marcio Aurelio! Depoimento que abrangeu os primeiros 20 anos de vida dele e o início de sua trajetória artística na Capital paulista. Depoimento misturado com conversas paralelas, uma vez que somos da mesma geração: lembranças parecidas, próximas, do teatro brasileiro do final dos anos 1960 e início dos 1970.

Origens também semelhantes, os portugueses e os italianos ancestrais, no interior paulista, ele, de Piraju, eu de São José do Rio Pardo, com sua lindas histórias que marcaram nossas vidas.

Até mesmo um sobrenome comum compartilhamos, o Sartori (da avó materna de Marcio e de uma de minhas bisavós maternas, com antiquíssimas raízes na Lombardia, mais exatamente na província de Mântua, comunas de Viadana, Sabbioneta, Menzzano e Villa Pasquali).

Marcio, de depoente, em breve passou a escrever, ele mesmo, sua trajetória, mostrando-me a evolução de seu trabalho artístico, etapa por etapa. Preferiu a escrita à fala, à gravação. Essa metodologia permitiu-me trabalhar num texto muito fluente, em tom coloquial. Aliás, regra sempre seguida nos livros da Coleção Aplauso.

Esses depoimentos, conversas e leituras foram completados pelo fascinante trabalho de seleção de fotos dos espetáculos de Marcio – na pluralidade de sua atuação como diretor, cenógrafo, figurinista, maquiador, iluminador, autor, adaptador, dramaturgista.

A foto dava realidade visual às lembranças e à escrita de Marcio sobre o teatro autoral que desenvolveu e desenvolve, brilhantemente, no teatro brasileiro desde meados da década de 1970 até nossos dias.

O teatro paulista das três últimas décadas surgiu, nítido, à minha frente, conforme Marcio fazia seu depoimento. Teatro que eu também vi, parte indelével de minhas próprias lembranças.

Lembro-me perfeitamente das duas montagens de Os Farsantes: *Tietê, Tietê* e *O Filho do Carcará*. Os dois espetáculos diziam muito, na época, para minha geração: a Semana de Arte Moderna e os anos 1970 no palco, textos, direção e interpretação feitos por pessoas da mesma faixa etária, com uma mesma visão do mundo e da arte. Meu amigo o ator João Carlos Couto, dos tempos de faculdade (ele na Sociologia e Política e eu na São Francisco), trabalhava nas duas peças e eu ia vê-lo (de resto, via muito teatro, influência de meus pais, especialmente minha mãe, e de minha prima, a atriz Myriam Muniz). O impacto dos dois espetáculos era forte, marcante. Foram os primeiros trabalhos que vi de Marcio e Alcides.

Mais tarde, dois espetáculos inesquecíveis foram *O Pássaro do Poente* e *Eras-Filoctete/Horácio/Mauser,* protagonizados por Paulo Yutaka e Celso Frateschi, respectivamente. A beleza visual do primeiro, que vi no Rio de Janeiro, magnetizava a plateia. O segundo trazia conceitos novos, estética teatral original e instigante.

Na segunda metade da década de 1990, em minha atuação como crítico, pude acompanhar mais de perto o trabalho de pesquisa de linguagem, altamente inovador, da Companhia Razões Inversas. Ao comentar *Torquato Tasso*, de Goethe, em agosto de 1995, primeira montagem da nova companhia a que assisti, fiz um breve histórico do grupo e assinalei que *Marcio Aurelio concebeu um espetáculo de forte impacto visual: limpo, claro e elegante. O cenário e a iluminação, também assinados por ele, e os figurinos de Leda Senise compõem um conjunto esteticamente bonito. O rigor interpretativo é seguido por todo o elenco, formado por Carla Hossri, João Carlos Andreazza, Luah Guimarães, Marcelo Lazzaratto e Paulo Marcello.*

No mesmo ano, 1995, em setembro, vi uma montagem muito poética e delicada, dirigida por Marcio Aurelio em paralelo às suas atividades na Companhia Razões Inversas: *O Beijo*, adaptação de um episódio de *Em Busca do Tempo Perdido*, de Proust (na verdade, adaptação do primeiro capítulo de *No Caminho de Swann*) feita pela atriz Ariclê Perez, que também o interpretava. Impressionou-me a atuação da atriz e o tratamento poético dado ao espetáculo por Marcio Aurelio.

Gertrude Stein, Alice Toklas & Pablo Picasso trouxe-nos de volta, em março de 1996, a parceria Alcides Nogueira/Marcio Aurelio (direção assinada em conjunto com Antonio Abujamra). Texto saboroso, direção impecável, atuações precisas de Nicette Bruno, Clarisse Abujamra e Francarlos Reis. No ano seguinte, em julho de 1997, a Companhia Razões Inversas volta em grande estilo, com *Senhorita Else,* adaptação do texto de Arthur Schnitzler feita por Marcio Aurelio, Paulo Marcello, Débora Duboc e Marcelo Lazzaratto. Fascinante nesse espetáculo era observar a línguagem teatral trabalhada com total competência e habilidade pelo diretor e pelos atores – entre eles, Débora Duboc, Paulo Marcello, Eucir de Souza, Newton Moreno, Marcelo Lazzaratto, Carol Badra e Pepita Prata.

Ao mesmo tempo, Marcio Aurelio estava em cartaz, nesse ano de 1997, no Teatro Maria Della Costa, com *Algo em comum*, de Harvey Fierstein, quando criou um espetáculo de muita emoção e sensibilidade. Montagem que mexia com o público, interpretações de alto nível dos protagonistas, Clarisse Abujamra e Petrônio Gontijo, belo cenário de Renato Scripilitti e belos figurinos de Leda Senise.

Em agosto de 1998, ao comentar *Maligno Baal*, de Brecht, fiz questão de ressaltar que a Companhia Razões Inversas *desde 1990 mantém um trabalho de pesquisa cênica que prima pelo rigor e pela seriedade. O espetáculo interage totalmente com o público e apresenta-nos um belo trabalho do grupo em sua permanente pesquisa de linguagem – sempre o traço primeiro e mais importante, talvez, das montagens da companhia.* Destacava a seguir a qualidade dos intérpretes (Fernando Neves, Carol Badra, Pepita Prata, Paulo Marcello, Marcelo Andrade, Marcelo Lazzaratto e Eucir de Souza) e concluía com a afirmação de que *é um prazer acompanhar a trajetória de Baal, esse maligno ser associal, na versão de Marcio Aurelio, com crítica veemente ao comportamento do personagem (à parte ideologias) e estética apurada, resultado de amadurecimento da proposta de trabalho da companhia.*

Em *Maligno Baal*, aliás, Marcio não era apenas o diretor, mas também o autor do cenário, figurino, iluminação e trilha sonora, tendo criado um espaço altamente original onde se desenrolava a ação.

Na *Arte da Comédia*, de Edoardo De Filippo, em setembro de 1999, ressaltei que *o espetáculo dirigido por Marcio Aurelio é exemplar em sua fidelidade ao espírito do texto teatral, trabalhando com requinte as sutilezas de interpretação e as possibilidades que ela oferece... Marcio Aurelio, além de diretor, é o responsável pela tradução e adaptação, bem como pelo belo e funcional cenário, pelo figurino, de muito bom gosto, e pela iluminação....O trabalho coletivo revela a elevada qualidade dos intérpretes e o apuradíssimo desempenho da maioria deles.*

Em julho de 2001, novamente juntos, Marcio Aurelio e Alcides Nogueira nos trazem um espetáculo belíssimo e de elevada categoria, em todos os aspectos: *Pólvora e Poesia*, no qual Verlaine e Rimbaud são colocados em cena com maestria – pelo autor, pelo diretor e pelos sensíveis desempenhos de João Vitti e Leopoldo Pacheco (não podendo ser esquecida a engenhosa cenografia de Gabriel Vilela e o ótimo pianista Fernando Esteves). Sem medo de parecer repetitivo, assinalei que Marcio Aurelio é *um diretor sempre criativo e rigoroso*. Vi várias vezes esse espetáculo, aliás, premiadíssimo.

Em 2002, Marcio Aurelio nos apresenta uma montagem instigante, *Souvenir*, texto de Fernando Bonassi e Victor Navas, com interpretações muito bem realizadas de Leopoldo Pacheco, João Vitti e Malu Bierrenbach. Espetáculo propositalmente frio e distanciado, com a emoção acertadamente em segundo plano, apesar de discutir a paixão, a relação amorosa.

Retirando-me da crítica semanal na imprensa em novembro de 2003, continuei por alguns anos a escrever na internet – somente sobre as peças que gostava, que me entusiasmavam. Que impacto foi ver *Agreste*, numa fria noite de sábado, no Teatro Cacilda Becker! Talvez um dos melhores espetáculos que jamais vi, tendo Marcio valorizado ao extremo o belo texto de Newton Moreno. Criatividade, originalidade. Atuações magníficas de Joca Andreazza e de Paulo Marcello. No final do espetáculo, não conseguia conter meu entusiasmo, em conversa na porta do teatro com Joca, Paulo e Tuna Dwek.

O auge, talvez, da Companhia Razões Inversas, até aquele momento. Digo *talvez* e *até aquele momento* porque, em 2009, esse trio fabuloso (Marcio, Paulo e Joca) nos apresentou nada menos que *Anatomia Frozen*, um espetáculo, poético, sensível, impactante como tantos outros que esses artistas criativos nos apresentaram anteriormente. Tudo indica que temos ainda a esperar muitos outros belos e importantes espetáculos da Companhia Razões Inversas!

Nesta década de 2000, a quantos outros belos espetáculos de Marcio Aurelio tive a felicidade de assistir, como *Galvez, Imperador do Acre* e *Chalaça*, produções da nova Companhia Les Commediens Tropicales; *Nove Partes do Desejo*, inteligente criação de Clarisse Abujamra; *Pequenos Crimes Conjugais*, produção da querida amiga Lulu Librandi, com ótimos desempenhos de Petrônio Gontijo e Maria Fernanda Cândido; *Os Lusíadas*, magnífica reconstituição da epopeia portuguesa, produção de Ruth Escobar, essa figura importante e fundamental do teatro brasileiro na segunda metade do século XX, que em boa hora trouxe aos palcos a obra de Camões; *Metafísica do Amor*, belíssimo espetáculo com Marilena Ansaldi e Paulo Marcello (produção da Companhia Razões Inversas); *Digníssimo Filho da Mãe*, divertido e inteligente texto de Leilah Assumpção, com boas interpretações de Miriam Mehler e Jair Mattos; *Restos*, montagem impecável, com atuação marcante de Antonio Fagundes.

Ao trabalhar com Marcio Aurelio na elaboração deste livro, as memórias teatrais ficaram vivas, presentes! Lendo seu depoimento, percebemos a personalidade fascinante de Marcio, completa como em tudo que faz.

Nos meus trabalhos sobre teatro tenho, sempre, como inspiração, três pessoas maravilhosas, Cleyde Yáconis, Maria Thereza Vargas e a saudosa e querida Myriam Muniz. Acho, portanto, justo citá-las aqui.

Lembro, ainda, minha prima Myrian Cristofani (minha amiga e de Marcio) e meus amigos Edvard Barreto, Samuca Oliveira e João Lucílio Albuquerque, sempre presentes.

Marcio Aurelio, como profissional de teatro, em suas múltiplas facetas, tem uma singularidade que o distingue no panorama do teatro brasileiro contemporâneo. Não se assemelha a nenhum outro diretor teatral – seu teatro tem sua marca, marca de originalidade e de resultado de pesquisa séria, que evoluiu ao longo dos anos até tornar-se, hoje, um teatro autoral com estética e expressão inconfundíveis.

Capítulo I

MINHA CIDADE: PIRAJU

Piraju. Peixe amarelo para os índios que moravam na região. Dourado. Hoje, praticamente em extinção. Motivo? Represas... Piracema bloqueada... Mudanças de interesses... Usinas e usineiros. Mas a bela cidade de Piraju, situada no limite de São Paulo com o Paraná, está lá. Como um presépio. Sempre. De noite ou de dia. À noite, gostávamos de ir vê-la lá da estação, como era chamado o bairro onde, antigamente, a cidade via chegarem e partirem as pessoas. A estação de trem é projeto de Ramos de Azevedo. Era linda, mas hoje está completamente abandonada. Descaso das autoridades? Abandono e ignorância cultural. Perda de nossas raízes culturais e econômicas. Essa estação foi construída como ramal da linha de trem da Média Sorocabana, como era chamada, e servia para escoar café da região e confins do Paraná até o porto de Santos. Bons tempos. Esta cidade, elegante, começou a ser construída na virada do século 19 para o 20. Segundo registros, a data de fundação é 29 de agosto de 1872. Tem um charme todo especial, quer pela acomodação privilegiada, geográfica e topograficamente, quer pelo povo acolhedor e, outrora, diria que também pela arquitetura.

Isto, até meados dos anos 1960. De lá para cá, mudou o mundo, porque lá seria diferente? Mas lembro-me muito claramente, na minha infância era uma cidade com traços *art nouveau*.

Outros dados importantes da cidade da minha cidade natal é que Piraju aboliu a escravatura antes do ato da princesa Isabel, e instalou o bonde e energia elétrica antes da cidade do Rio de Janeiro. Mesmo que tivesse sido com um dia de diferença, para aquela época, é grande feito. A cidade convivia com personalidades e tinha elegância na forma de as pessoas se relacionarem, uma cidade rica de origem, fazendeiros, grandes fazendas de café.

Também se chamou Tijuco Preto, que em guarani significa *Caminho de entrada*, pois se localizava numa confluência de passagem para o Paraná, depois passou a se chamar São Sebastião do Tijuco Preto, em homenagem ao santo padroeiro. Ainda conheci a igreja velha na segunda roupagem e vi a construção da nova, a que está lá até hoje. Desta igreja tenho muitas lembranças, pois foi o período de minha formação, ou seja, meados dos anos 1950. Nos anos 1960, a cidade sofreu uma transformação sociocultural, como já disse. No final dos 1960, porém, eu já estava indo embora, para construir minha estrada.

O símbolo máximo dessa mudança foi terem destruído o painel representando o *Calvário*, pintado no altar principal da Igreja Matriz por Dona Cida Cavalheiro, minha professora de artes e incentivadora para me jogar na vida, se quisesse ser artista. Seu Cristo foi destruído, na mudança de gestão, ou de pároco. O novo padre chegou e queria dar outra cara para o ambiente, não gostava do *ar* do Cristo na cruz pintado por ela. E os fiéis, não sabiam o que fazer, não sabiam que não se destrói uma obra de arte. No dia combinado, a parede foi fechada, era uma concha, e quando se viu lá estava, na frente, uma parede lisa. *Não se destrói uma obra de arte*, eu me dizia. Todos mudos. Hoje tem uma parede lisa com um crucifixo de madeira, desses comprados em qualquer bazar. São as transformações estéticas na igreja. Ou da sociedade. Desde pequeno fui introduzido neste aprendizado. Transformações. Na própria igreja, já estavam embutidos os ciclos de transformação e mudança. Às vezes, de retrocesso. A sociedade busca nova cara para a sua identidade. Novo tempo. O de criar nova identidade. Lição aprendida.

Meus antepassados chegaram nesta cidade no início do século XX. Muita história já havia sido ali plantada. Vieram de outras plagas. Como tantos outros de acordo com as sortes.

Capítulo II

ORIGENS: MINHA FAMÍLIA

A família de meu pai, Alencar Pires de Almeida, chegou por estas bandas, como se dizia antigamente, no tempo das caravelas. Nunca corri atrás para saber mais profundamente a respeito. Os Pires, de Almeida, de Lemos, de Campos, mais os Martins, Gonçalves. São muitas estradas, caminhos. Espalharam-se desde a capital para o interior até os confins do Paraná, passando por Piraju. Gente de lavoura. Não conheci meu avô, Ernesto, a não ser pela fotografia que ocupou, durante longo período, uma das paredes da sala de visita de casa e de quem guardei, durantes anos, a herança que dele ficou para meu pai e chegou até mim, um revólver calibre 48 – pois fora delegado em Bernardino de Campos, cidade vizinha a Piraju. Um dia, para não entregá-lo à polícia, pois sou terminantemente contra qualquer tipo de violência e eles poderiam fazer mau uso dele, joguei-o na represa, sem olhar para trás, para ser consumido pelo tempo. Preferi que a natureza se incumbisse disso. Gesto romântico ou não, pelo menos não abre espaço para melodrama. Sou mais afeito à comédia, por mais que possa não parecer.

Meu avô veio a falecer muito novo e como meu tio mais velho, Benedito, estudava no seminário, meu pai ainda pré-adolescente passou a ser arrimo de família: minha avó Virgilina e minhas tias Luiza, Hercília, que também faleceria muito jovem, tísica, e a mais nova, minha querida tia Maria José, que ainda vive em Bernardino de Campos com sua família. Desta cidade lembro-me das festas familiares, colheitas de milho, matanças de porcos, reuniões que eram verdadeiros ritos, ora iniciáticos, ora de passagem. Servem também para pensar criticamente na dramaturgia das relações familiares. Lembro-me de situações que são verdadeiras pantomimas, coreografias inteiras, temas que se entrelaçavam, e que, *tchecovianamente*, guardo como lembrança histórica da mudança estrutural dos anos 1950 para os anos 1960. O tempo e sua dimensão se transformam. Era um imaginário sendo criado, um olhar sendo refinado, enfim, uma dimensão histórica sendo revisada criticamente nas ações e nas atitudes. A cada ano, renovadas e repensadas. Era a ternura do reconhecimento pelas perdas e pelas transformações. *Olhos da memória...* como diria Hamlet.

A família de minha mãe Angelina é *oriundi*. Datolli, sobrenome materno, vai ser personagem de uma peça do Alcides Nogueira que, não tendo um nome italiano para usar, eu disse – tem esse Datolli – e ele usou para o personagem.

Minha avó, Maria Rita, que já era brasileira, vem dos Sartori, norte da Itália. Gente simples. Camponeses, que deixaram como herança o valor pelo paladar e sabor simples e, justamente por isso, refinado, na mesa. Deixaram também a solidariedade, com discrição. Nos frequentávamos com sobriedade, mas estávamos sempre presentes.

Minha família materna

Meu pai

Minha mãe

Meu avô, Paschoal Dattoli, tem uma história que não se conseguiu refazer totalmente, pois como ele dizia, foi retalhada com a Segunda Guerra e até hoje, por mais que eu tenha tentado, não consegui a cidadania italiana a que tenho direito por lei. Coisas do fascismo, naquela época de ruptura, e da burocracia, agora. Tem uma história fantástica sobre esta época, a época da guerra. Rompeu-se a correspondência familiar. Por medo. Meu avô era uma espécie de agregador dos italianos simples na cidade, pela idade e por ter um armazém de esquina onde se reuniam nos finais de tarde. Um dia, juntou a todos e sabendo do perigo que corriam por causa do maldito fascismo de Mussolini, disse no mais castiço italiano: A*desso, a casa mia, se parla portoghese*. Morreu acreditando falar português.

Uma vez, já moribundo, nos recebeu a mim e a meus irmãos, que adentramos em seu quarto, esbaforidos pela aposta: o primeiro que chegar é padre e o ultimo é madre. Meu avô, ao ver a correria, foi logo dizendo a meu irmão mais velho que chegara na frente dos outros, que, como todos nós estava só de calção e sem camisa: *Tornate a casa sua, sei nudo*. Tínhamos saído correndo de nossa casa para a dele, pois soubemos na hora do lanche da tarde, no meio de nossas brincadeiras, que mamãe tinha ido vê-lo, tinha piorado muito seu estado de saúde. Mesmo péssimo, na cama, fazia questão do decoro e da sobriedade. Lembro-me de sua última estada em nossa casa no almoço de batizado de meu irmão, Paulo Afonso. Daqueles tipos de reunião familiar que hoje praticamente só existem na ficção. Lembro-me também de uma situação que me marcou muito. À tarde, gostava de sentar-se na varanda que tinha nos fundos da sua sala de jantar, e que dá para uma vista especial da topografia da cidade, com o rio Paranapanema ao fundo e as colinas... Estávamos sempre brincando à sua volta e lembro-me dele pegar uma espécie de binóculo de madeira para colocar diapositivos e, olhando a paisagem, dizia: *Guarda que bello!* Era a paisagem ampliada. Só muitos anos mais tarde, quando estudava na Itália, fui conhecer a terra de meu avô. Ao chegar, no final da tarde, sentado na praça do lugarejo – Terranova di Polino – fui entender a cena de anos atrás. Guardadas as proporções, ele fazia o mesmo ritual de sua infância quando, como pastor de ovelhas, tinha aprendido a olhar a paisagem e admirá-la. Era o seu mundo, o seu universo poético. Chorei de saudades de uma infância ancestral que eu não tinha vivido. Foi uma das sensações mais estonteantes de minha vida! Saber reconhecer no outro a história de um aprendizado. *Ancestralidade*. Desde então muitos valores se alteraram para mim. A ideia sobre processo de aprendizado passou a ter outro valor.

Meus avós maternos tiveram muitos filhos. Tereza, Genoveva, João, Philomena, Angelina minha mãe, Mariquinha e Yolanda.

A casa onde moravam, que era imensa, hoje me parece pequena para guardar tantas lembranças. Já não é possível reconhecê-la de tão desgastada e transformada pelo tempo. Não posso esquecer que fizeram parte da família também as empregadas negras, Sebastiana e Maria. Tão queridas e dedicadas à madrinha, minha avó, enquanto viveram lá. Depois, sumiram no tempo de suas histórias e lendas.

Adendo difícil de reconhecer. Vovó era preconceituosa. Quando estávamos brincando no quintal e ela vinha nos chamar para lanchar e via entre nós algum colega *de cor*, como se dizia, do alpendre fazia um sinal com a cabeça para subirmos para o portão de ferro que dava para o fundo do quintal: *Lé com lé, cré com cré*. Subíamos as escadas e entrávamos de cabeça baixa, sem ousar nos revoltar e sem poder, sequer, nos desculpar com os amigos. Mas no dia seguinte, se a brincadeira era lá ou na nossa casa, estávamos todos juntos, novamente. Felizes. Só muito mais tarde é que, além dos negros, embora poucos, tínhamos também na cidade turcos, judeus, japoneses, russos. O mundo ficara maior. E só depois, já no pré-primário, num desfile do Dia das Mães, ao me darem uma tabuleta escrita *Mutter*, é que fui compreender que se falavam muitas línguas — já que o italiano era comum desde a infância, pois além da casa de meu avô tinha a casa da Dona Philomena, mãe da Dona Donata, amiga de minha mãe, onde todos falavam com sotaque tão carregado que não conseguia distinguir entre o original e a adaptação brasileira, parecido com o sotaque da Mooca, bairro de São Paulo. E que era importante sabê-las: a beleza das línguas e das culturas foi um fascínio.

Armazém do meu pai em Piraju

Aparecida do Norte: minha mãe, meu pai, tio Marco (meu padrinho), minha irmã Hercilia e eu

Eu e meus irmãos Marco Antonio, Hercilia e Hamilton em Piraju

Assim que meus pais se casaram, foram morar com minha avó paterna e suas filhas, na cidade. Perto do Jardim da Cadeia, que era um prédio imponente e do hospital, agora transformado e modernizado. Tem uma expressão italiana que gosto muito: *Mura, mura com ospedale!* ou seja, *o fim da linha.* Foi nesta casa que nasceu Hercilia, minha irmã mais velha. A situação pelo que se sabe não era economicamente fácil. Pouco tempo depois, o casal resolveu assumir a vida familiar e morar na Estação, o bairro de que já falei onde montaram um pequeno armazém de secos e molhados: lá nasceu Hamilton Vicente. Uma casinha humilde, que não mais existe, mas que serviu para sedimentar os propósitos do jovem casal. Assim que puderam, voltaram para a cidade na Rua 13 de Maio, cruzamento com a 7 de Setembro. Foi o ponto onde moramos durante toda a permanência em Piraju. Foi na casinha, primeira de um lado, que nascemos, Marco Antonio, eu, Paulo Afonso e Luiz Augusto. Depois veio o casarão construído por meus pais, do outro lado da rua, e vendido recentemente. Foi o coroamento e soma de esforços de anos de trabalho e dedicação, onde vivemos momentos dos mais encantadores em nossa infância e juventude. Aí, vimos a urbanização acontecer, neste lado da cidade. Na rua, onde brincávamos, e que era de terra, abriram-se as valas para passagem de luz, água, esgoto e asfalto. Isto era muito importante. Hoje, quando leio Gertrud Stein, *Peças,* e ela se refere ao seu romance *Making of Americans* – a estória da Martha Hersland, que joga o guarda chuva na lama –, lembro-me do que era ir para a escola em dia de chuva e barro. Passou. Virou literatura para mim também.

Capítulo III

EM MEIO ÀS CELEBRAÇÕES CÍVICAS E RELIGIOSAS

Nasci em 25 de agosto do ano de 1948. Às 8 horas da manhã. Como sempre lembra minha mãe, ouvia-se o Hino Nacional, pois era o Dia do Soldado e do Duque de Caxias, patrono do exército brasileiro. O Tiro de Guerra tinha sua sede no final da Rua 13 de Maio, ou seja, a um quarteirão de casa.

Signo de virgem, como a cidade que me deu ar. Não a data que comemoram hoje, como município, mas como nascimento. Eu também, hoje, comemoro no dia 11 de novembro, data em que o Doutor Miguel Srougi, que me operou de um câncer de próstata em 2000, disse-me que eu estava nascendo de novo, e que ainda íamos nos ver durante muito tempo.

Fui batizado pelos meus padrinhos tia Philomena, Mema como a chamávamos, e tio Marcos, seu marido. Eram açougueiros na Rua 13 de Maio, a um quarteirão de casa, onde era nossa segunda casa. Muito trabalhadores acordavam, pelos ossos de ofício, muito cedo. Sempre. Ela era também uma costureira fantástica e lembro-me dela lendo. Segundo histórias familiares, sempre leu muito. Mesmo às escondidas, na infância e juventude. Gostava de romances. Com ela, conheci Flaubert, com *Madame Bovary*, Steinbeck, com *As Vinhas da Ira* e *Leste do Éden*. Mema fazia um bolo em fôrma com buraco no meio, inesquecível. Amanteigado. Meu padrinho, sempre foi tido na cidade como ótimo dançarino. Era uma espécie de Fred Astaire. Dançava deslizando como um cisne. Sempre alegre. Nobre. Eles tiveram três filhos, dos quais éramos como irmãos. Com o mais velho, Richardson, é que vou me iniciar no teatro e aprender a ele me dedicar. A ele devo a paixão pela poesia da cena. Os outros dois são Ivany, artista plástica, e Antonio Pascoal, que apesar de ser mais novo do que eu foi meu amigo de turma, pois como sempre fui repetente.

Fui crismado pelo tio Gentil, marido de tia Mariquinha. Dele ganhei minha primeira caneta tinteiro. Verde.

A primeira comunhão foi com o terninho branco. O mesmo que já tinha sido usado por meus irmãos mais velhos. Isto era um jeito de aprender a usar bem o que se tem. Aprender também a não ser individualista. Estavam certos. A família era grande e tudo tinha que ser usado e bem até o fim. Isto faz sentido. Valores estruturais, que fazem toda a diferença. O ritual é o mais importante.

Fanfarra do ginásio em Piraju

Minha primeira comunhão

Como pedem os ritos de passagem, a vida seguiu. Alterada principalmente pelo aprendizado do real sentido de sua comemoração. Durante a permanência em Piraju, embora católico de formação, aprendi a ser curioso e a me interessar por outras janelas e frestas culturais. Portas. Mas reconheço no catolicismo valores importantes. Reais!

Aprendi a gostar de música, da boa música, pelas regências corais e organísticas do professor Antonio Hailler. Quando ele se foi, tão moço, tudo isto mudou. O repertório litúrgico trazia autores consagrados. Bach, Händel, César Frank, por exemplo, seu *Panis Angelicus* conheci nessa época. Embora sem conhecer música profundamente, realizavam proezas para aquele rincão. E, principalmente, faziam a introdução cultural dos fiéis num universo sonoro elevado durante as celebrações. Havia também o repertório mais popular que servia de parâmetro para as diferenças. Vozes em tercetos. Agudas. Uma outra dimensão para a expressão da fé. Aprendi a ter ouvidos também para isso.

As cerimônias, que eram organizadas com sobriedade, passaram logo a ter significados especiais em minha vida de curioso e interessado. As cores e as músicas, diferentes para os rituais de cada ocasião e celebração.

Conforme a vida começou a se desenhar, fui construindo amizades: muitas delas conservo até hoje. Sempre gostei de conviver com amigos. Isto mudou, no sentido interno, familiar. A família também começou a se desenhar para fora. Outras vidas.

Fora de casa tinha os amigos e amigas que foram se somando ao longo dos anos. Aderbal, Theo, meu primo Antonio Paschoal, José Reinaldo, Zé Teta, meus primos Beto e Bosco, Roberto Ribas, Toninho Goes, André Calisto e sua irmã Maria Andrea, Beth Assaf, minhas primas Erayd que foi morar um tempo com minha avó, Maria Alice, Maria Eduarda e seu irmão José Paschoal, os irmãos Vera e Carlinhos Barreiros, Hamilton Maluly e suas irmãs Sumaia e Lúcia, foram se ampliando os mundos e fundos. Meus primos Beto e Bosco primeiro moraram em Piraju, depois em Bernardino de Campos, para onde foram minhas primeiras viagens de férias e, também, onde aprendi a ouvir o vento. Depois Botucatu, novos amigos e saudades, e quintais e serras e montanhas e mares e sonhos.

Capítulo IV

O TEATRO: LUGAR ONDE SE VAI VER

Já nestes primeiros passos pode-se ver uma idéia de teatro.

Foi nesta ocasião que o padre Luiz Menezes Bueno, trabalhando com as crianças da Cruzada Eucarística, me convidou para fazer minha primeira peça de teatro: *Nino, o Menino Travesso*. Nem precisa dizer sobre o que era a peça. Para mim bastou a experiência para saber que não era como ator que queria participar. Era muito chato, pois não dava para ver, pelo fato de estar dentro do espetáculo. Eu gostava de ver. Estes foram os aspectos legais da igreja. O teatro, e tudo o que ele desenvolve.

Foi um pouco antes de minha primeira experiência teatral que, sem perceber, fiquei sabendo o que era teatro. Entre minha casa e a casa de meus avós maternos havia a igreja e entre ela e minha casa havia um galpão, uma espécie de armazém. Era o trajeto que eu conhecia. Um dia, indo de minha casa para a casa de meus avós (ainda eram os dois, pois meu avô veio a falecer em 1954 e minha avó Rita só anos depois, quando eu já vivia em São Paulo), se não me engano, e passando por este barracão, aconteceu a primeira experiência deslumbrante em minha vida. Foi acachapante. Hoje, com minha experiência, vejo o requinte que envolvia toda a história. Descobri o tal galpão. Bem, ousei entrar no recinto. Abri com as mãozinhas o cortinado e deparei com uma sala que, na memória de infância, era imensa. Uma sala como a do Cine Central do Senhor Delmiro Fernandes, avô de meu primeiro amigo, que vim a perder ainda nesta época, o Agenorzinho. É muito triste perder um amigo quando ainda se é criança. É difícil entender. A morte!

Bem, abri a cortina e ganhei uma experiência para o resto de minha vida. Era uma sala cheia de cadeiras que tinha, no fundo, um palco com um telão de floresta, meio arriado da esquerda para a direita, com algumas pessoas que eu conhecia, mas que não eram as pessoas que eu conhecia. Faziam as coisas, conversavam, andavam de um jeito estranho. Meu Deus, a Marialba fuma! Será que Seu Aníbal e Dona Tonica, nossos vizinhos, sabem que a filha fuma? Espantos típicos de um tempo, onde fumar, principalmente mulher, era um escândalo. Conhecia bem a Marialba, morava em frente a nossa casa, eu não estava enganado. Fumando! Embaixo, na platéia, umas outras pessoas. Uma delas, falou qualquer coisa aos de cima do palco, que voltaram a ser as pessoas que eu conhecia. Sentaram-se na boca de cena e conversaram por um bom tempo.

O senhor sentado em baixo, o Doutor Fuad Abrão, comentou mais algumas coisas que não entendi e todos retornaram para o palco e voltaram a ser as pessoas que eu não conhecia. Fiquei enlouquecido com aquilo que acabara de ver. Um tempo depois viria a assistir com esta mesma trupe, que vi ensaiando, um dos espetáculos mais lindos de minha vida: *Pluft, fantasminha*, de Maria Clara Machado. Tudo nele era belo, a luz, o cenário, os figurinos, e sinto que ainda hoje isto aquilo me orienta na busca da plasticidade cênica de meus espetáculos.

Minha primeira professora foi Dona Maria Hailler, irmã do organista e regente do coro. Guardo dela a simplicidade e a gentileza, porém aliada à justa firmeza para proporcionar a segurança necessária ao aprendizado. Era uma turma grande e me lembro muito bem deles. Éramos muito diferentes. Era o momento de aprender socialmente as diferenças. Muito diferente das diferenças domésticas.

O local da ação foi o Grupo Escolar Ataliba Leonel. Este, grande figura histórica da cidade e muito importante como senador da República. A cidade teve um senador, o General Ataliba, cujo túmulo ainda ocupa a primeira quadra do cemitério local, embora os restos mortais tenham sido transferidos para o Obelisco dos Combatentes de 32, no Parque do Ibirapuera em São Paulo.

Da infância, também tenho que mencionar o cinema. Matinês de domingo. A cidade tinha, hoje não mais, dois cinemas, o Cine Central e o Cine Jardim, ambos no centro. Reconheço que o cinema foi o meu primeiro ponto de conexão com o mundo e responsável em grande parte por minha formação cultural.

Aos domingos íamos, eu e meus irmãos mais velhos, na sessão da tarde. Só que, quando apagavam-se as luzes para começar, eu abria a boca de medo. Moral da história: sobrava para minha irmã me trazer para casa, pois meus irmãos se enturmavam com a molecada trocando gibis e não estavam nem aí comigo. Nem aí com o meu medo. Um dia, depois de levar várias reprimendas da nossa vizinha, Marilda, outra filha do senhor Aníbal e Dona Tonica, o medo passou e virei cinéfilo. Como meus irmãos também passei a trocar gibis, era uma prática que se realizava aos domingos, antes das matinês. *Mandrake, Tarzan, Fantasma, Jerônimo – o Rei do Sertão, Bolinha, Pato Donald, Pinduca, Sobrinhos do Capitão*, era enfim um novo mundo de aventuras que começava.

Nos domingos de manhã havia os programas de calouros no Cine Central pela Radio Difusora de Piraju, comandados pelo senhor Nelson Meira. Como esquecer da Joselem Medala, que, entre tantos outros talentos, como Corina Garcia e Baiano com seu violão, cantava com assustadora desenvoltura. Até hoje meu amigo Roberto Ribas lembra-se da minha coragem quando, num domingo, resolvi cantar: *O Diário*, de Neil Sedaka, com versão, acho, de Fred Jorge... Foi um sucesso. Até meus pais quando ficaram sabendo não acreditaram. Nunca mais tive coragem para tal proeza.

Depois vieram a adolescência e juventude. Mudanças nos hábitos de leitura, lentamente deixando o mundo do *Jeca,* de Monteiro Lobato e passando a gostar mais do mundo fascinante de seus heróis repaginados, como *Hercules e seus Trabalhos*. Dos sonhos de Paquetá, deste mundo distante, para os conflitos juvenis, escolares, de *O Ateneu*. De *O Cortiço* para *Gabriela* e *Dona Flor*. Aqui a literatura lentamente vai juntar-se de novo com o cinema de *Vidas Secas*. Chegou o delírio que me marcou profundamente: *Terra em Transe*. O mundo em transe!

Mudanças e transformações que se seguiram e seguem até hoje. A Igreja mudava, o mundo mudava. O Papa João XXIII mudava tudo. Tudo mesmo, não formalmente e sim estruturalmente. Uma igreja voltada para o homem. Fim da retreta e do Serviço de Auto-falante Pirajuense, que era do pai do meu grande amigo Roberto Ribas. Breve passagem, cada vez mais breve pela distância do tempo.

Fim do rádio e advento da televisão. A busca de novos sentidos. Sociais, sensuais, sexuais, políticos, estéticos. Beatles ou Rolling Stones. Morte de Kennedy. Martin Luther King. Brasília *versus* Rio de Janeiro. Renúncia do Vassourinha, assume o Jango. Derrubam o Jango. Festival da Record. Tropicália. *Kaos*, espetáculo de Maluly no Clube Nove de Julho, AI-5, *A Terra é Azul*. Neste movimento, chegou a hora de partir e a cidade de São Paulo deixava de ter para mim a referência da infância. Avenida Ipiranga com Avenida Rio Branco, onde moravam meus tios Maneco e Tereza, sinalizada pelo prédio do antigo Banespa, para ter como referência a Avenida Paulista como meu ideal de cidade cosmopolita, em vez da provinciana Piraju.

1º ano de grupo escolar

Capítulo V

A ESCOLA E O TEATRO

Foi então, ainda neste meio de campo de transformações pirajuenses, que o teatro voltou a aparecer. Foi no colégio onde estudava, o Instituto de Educação Coronel Nhonhô Braga. Os professores estavam ensaiando esta atividade com os alunos. Fui assistir a um espetáculo onde meu irmão Hamilton trabalhava como ator. O espetáculo era dirigido pelo meu primo Richardson, que era professor do colégio. O espetáculo era *A Pensão de Dona Estela*. Gostei muito. Era engraçado. Passei a colaborar. Sempre atrás do pano, como se diz no teatro. Tinha aprendido o prazer do olhar. Passei a atuar como assistente de cenografia, depois como cenógrafo e iluminador. Para a iluminação ainda eram usadas ribaltas trifásicas com papéis celofane coloridos e amassados ou lâmpadas coloridas, vermelhas, amarelas e azuis, tangões, refletores. Só mais tarde viriam os sapões com lâmpadas de 500 W e só muito depois viriam as de 1.000 W. A sonoplastia ainda se fazia com discos e *pickup*. Teatro de repertório eclético. *A Importância de Ser Prudente*, de Oscar Wilde: o humor inglês influenciado pelo TBC, misturado com uma vontade nacionalista de diálogo com a realidade, criando uma dramaturgia autoral com Richardson Louzada, que também era dramaturgo, escrevendo *O Camponês*, para mostrar a difícil relação social entre patrão e empregado – ele, que conhecia tão bem esses problemas, como a falência da aristocracia rural. Os espetáculos dialogavam intimamente com a realidade local. De um lado a aristocracia do café, decadente, e de outro os problemas desta com os lavradores e camponeses. A cidade vivia uma de suas fases de falência econômica da lavoura. Dramaturgia similar à de Jorge de Andrade, com intersecções e alternâncias de tempo e espaço da ação dramática. Tinha também melodramas moralistas, do tipo plantar uma árvore, escrever um livro e ter um filho, de Ernani Fornari no texto *Nada*. A vida burguesa brasileira, padrão Rio de Janeiro, como em *Feitiço da Vovó*, de Oduvaldo Vianna (pai) e sua receita irônica – aperta o limão.

O Teatro Oficina influenciando a pequena burguesia brasileira com *Os Pequenos Burgueses,* baseado em Gorki, que nos proibiram de encenar no colégio pelo teor considerado subversivo e que foi, portanto, trocado pelo *Auto da Compadecida*, de Suassuna. Que ironia. Eles não se davam conta. Aqui, nesta parte da história, já atuava como codiretor, cenógrafo, figurinista, maquiador. Este era o mundo que descobrira e a ele me dedicava com garra. O colégio que cursava, entretanto, ficara reduzido a uma série interminável de reprovações, para desgosto de meus pais. O teatro e as idéias discutidas nele me interessavam, não as aulas chatas e pedagogicamente ultrapassadas. O teatro era muito mais intenso. Aprendia-se mais, e muito. Ultrapassava os limites confortáveis da burocracia do ensino.

Ficou desta época, o prazer do teatro, o desprazer do ensino ministrado com pedagogia ultrapassada.

Fica a lembrança prazerosa do primeiro prêmio, como melhor maquiagem, no festival amador do Estado na fase eliminatória, que naquele ano aconteceu em nossa cidade.

Foi quando conheci meu grande amigo e parceiro no teatro, Alcides Nogueira Pinto. No mesmo festival, ele apresentara sua peça,

O Caldeirão, ou Os Sinais Apontam os Inimigos. Era um texto diferente. Arrebatou-me. Era o teatro que queria fazer, mas não sabia como. Ele falava, com suas próprias condições, sua visão de mundo. Estou falando de 1966, 67. Passamos a ser amigos e parceiros desde então. Ou melhor, cúmplices.

A partir da experiência do *Auto da Compadecida*, o circo voltou a fazer parte de minha referência rebelde, como carnavalização do cotidiano.

Circo do Piranha: este circo passou a fixar residência praticamente na cidade. Lá aprendi muito. Montar pista. Usar aparelhos. Dinâmica. Ritmo. Principalmente porque conheci uma das atrizes mais fantásticas, a Gessy, que fazia a ingênua. Era simplesmente maravilhosa. A maneira como conduzia, naquele ambiente, o público, era invejável. Grávida, fazia a ingênua e ninguém ousava duvidar de sua pureza. Era especial.

Os amigos já começavam a ir embora para cuidar de suas vidas, já que a cidade pouco oferecia. Voltavam e traziam novidades do mundo de fora. Ana Maria Cavalheiro vinha dos festivais de inverno de Curitiba e já falava do novo repertório. Música aleatória. *Cage*. A idéia de som. Silêncio. A *Missa Solene* de Beethoven, de um lado e de outro, *Sargent Peppers*.

Veio a necessidade de construir novo trabalho para o próximo ano. *Edipo Rei*, foi o texto escolhido. Concorremos no festival amador em Botucatu. Construímos uma cena grandiosa, a partir do cenário e figurinos que Flávio Império havia criado para a encenação de Flávio Rangel, com Paulo Autran como protagonista. Não vi a montagem, mas as fotos da edição eram inspiradoras. Complicadíssimo construir cenário tão grande naquela nossa realidade, que só conhecia o cenário gabinete. Só consegui acabar graças à ajuda de meu amigo Airton, filho da Dona Gabriela Lopes. Foi um período de grande envolvimento até conseguirmos conceber e levantar o projeto. Lembro-me do seu olhar cúmplice na empreitada. Ele era artista, saxofonista, e quis participar nesta experiência teatral. Muito serrote, prego e muita tinta preta por cima de tudo, para dar uma cara nova para a cena que estávamos construindo. Fim do que nos parecia um teatro antigo. De gabinete. Queríamos uma cena aberta. Foi como descobrir, de forma subversiva, outras possibilidades, outra expressão. Uma cena como não estávamos acostumados. Nos entregamos a isso com tudo. E também muita fita crepe e massa corrida para fazer os capacetes que mascaravam o coro, grande colaboração do Toninho, inspetor de alunos do velho Instituto de Educação Coronel Nhonhô Braga. Um espetáculo metido a expressionista. Influência do professor de História, o querido Dr. Luiz Carlos Simioni. Naquele momento achava o expressionismo o máximo, como também achava que o conhecia muito bem. Hoje vejo o quanto não conhecia nada, só a forma vista no cinema e nas artes plásticas pela mão da professora de artes, aquela que já mencionei anteriormente. Valeu a experiência. Valeu o risco.

Vale também, aqui, um comentário crítico. Os festivais de teatro tem por tradição convidar pessoas experientes, ou jovens profissionais recém-saídos das escolas, para fazerem parte do júri do festival. Nessa ocasião aconteceu um fato curioso, com o qual muito aprendi. É hábito depois dos espetáculos haver debate entre os participantes do festival, visando apontar coisas que possam contribuir por parte do júri. Atitude nobre, entretanto, merece cuidado, principalmente no que diz respeito ao aprendizado, pois os espetáculos amadores normalmente são realizados por jovens entusiasmados com o teatro e que atuam dentro de uma realidade muito complexa, de total falta de condições econômicas e intelectuais. Bem, uma das pessoas, ao avaliar nossa montagem de Édipo, saiu com a seguinte pérola: dizia que o espetáculo tinha uma falha fundamental, ou seja, a atriz que fazia a Jocasta era muito mais jovem do que seu filho Édipo. Caí na gargalhada e saí da sala falando meia dúzia de desaforos, típico gesto juvenil. Achei uma falta de cuidado muito grande, praticamente nos chamando de imbecis. Esta era a nossa realidade. Éramos jovens. Não tínhamos uma atriz mais velha para fazer a personagem, achávamos que pelo tipo de trabalho, poderia muito bem valer. Tratava-se de TEATRO. Coitada da Tereza Cristina. Era só uma jovem que gostava de teatro. Perdemos uma atriz, potencialmente muito interessante. Enveredou para a literatura. Vive na França e trabalha com literatura brasileira.

A realidade, entretanto, nos brecava. Mesmo assim, continuávamos. Muitos desanimaram. Quase se desfez o grupo. Isto no interior é complicado. Partimos para a escolha de texto, *Raposa e as Uvas*. Foi um trauma, mas como ficar sem o teatro? O teatro era tudo para mim. Resolvi então assumir novamente o papel de cenógrafo já que meu poder de fogo, por ignorância teatral naquele momento, não conseguia influenciar nas decisões da escolha do repertório. Foi um bom trabalho, mas reconhecia o retrocesso. Sozinho. Os outros estavam preocupados com outras coisas.

O teatro amador tem isto de bom, um descompromisso nas opções que possibilita o aprendizado. Pula-se pela falta de opção e de uma linha de trabalho para opções muito diferentes. Também vêm as desilusões. Necessidade de objetivar o trabalho, a vida. O meu amor profundo pelo teatro fazia com que negligenciasse o meu caminho na escola com repetidas reprovações. Isto criava situações cada vez mais desconfortáveis em casa e com os colegas e amigos, que mudavam. E a consciência de que era necessário ir embora. Ficar adulto. A expressão da liberdade. Minha amiga Vanda Padilha me contando sobre *O Rei da Vela*, do Teatro Oficina de São Paulo e a descoberta de que o teatro estava mudando. Reconhecer com minha querida professora de arte, Dona Cida Cavalheiro, que o mundo estava mudando, o *happening* como expressão. A liberdade. A transformação que estava sofrendo a linguagem do teatro. E o terror do descompasso cultural que não possibilitava um diálogo com o que se produzia no mundo. Richard Burton na capa da *Life,* como Hamlet, ensaio mostrando o tempo de revolta, sem trajes de época. Nova época. Nossa. Isso em Nova York e nós lá distantes de tudo. A guerrilha. A poesia. A música. Como despedida, a montagem da *Noite de Poesia*, Vinicius e Caymmi no Clube Nove de Julho com os amigos, meu reencontro com minha querida amiga de infância, Mariinha Dércole.

Minha jangada vai partir pro mar

Vou trabalhar, meu bem querer

Meu Deus do céu quando eu voltar do mar

um peixe bom, eu vou trazer

Meus companheiros tambem vão voltar...

Muitos não voltaram nunca mais. Outros, como eu, continuam navegando na tentativa de ainda poder trazer um bom peixe.

Era o fim lá. Naquele momento. A chegada de novos orientadores na igreja, Padre Aristeu, mostrava a vida com suas dificuldades e contradições. A necessidade de chegar junto.

O trabalho comunitário feito na Ação Católica criou embaraços políticos. O teatro estava intimamente ligado a uma idéia revolucionária. Ficava a lembrança. Eu deixava para trás uma nova geração, Paulo Afonso meu irmão, Robertinho, Pilegi, entre outros companheiros que continuaram por lá, antes de suas partidas.

Valeu a experiência de participar dos festivais de teatro amador. Naquela época participavam, como amadores, muito do que hoje mantém nosso teatro. A responsável era Cacilda Becker que, na Secretaria de Cultura do Estado, bancava a ideia de construir uma outra visão de arte e cultura para nosso País. Embora não tenha conhecido a todos naquela época, éramos muitos, J. C. Serroni, Luiz Antonio Martinez Correa, Carlos Alberto Soffredini, Neide Veneziano, J. C. Vendramini, Alcides Nogueira Pinto, entre outros tantos, eram as pessoas que estavam naquele barco. Virou! Fim dos anos 1960. Vinda para começar tudo de novo em São Paulo. Nas idas e vindas para lá, ainda colaborei na montagem de uma versão teatral de *Deus e o Diabo*, baseado no roteiro do Glauber. Quando Heleny Guariba a assistiu, no festival de teatro amador em Sorocaba, ficou profundamente tocada.

Sair não significava abandonar, significava buscar mais.

A primeira preocupação era com a sobrevivência. As economias com decorações de salões para bailes e celebrações serviram para tentar todas as portas. Como tocava piano de ouvido, tentei até como *pianista da noite*. Nada! Acabaram as economias e tive que voltar. O que fazer? Lá estava, de volta com o rabo entre as pernas, quando encontrei um amigo, vizinho de casa, o Mércio Niel Hernandes, dos tempos da Ação Católica, que me perguntou o que estava fazendo por lá, em Piraju. Ao contar do retorno forçado à terra mãe, se propôs a ajudar. Disse: *Segunda-feira você volta para São Paulo e vai me procurar no seguinte endereço, Rua Florêncio de Abreu, se não me engano 301, que acho que tenho algo para você.* Fui me encontrar com o meu amigo no horário e local combinado. Testes realizados, mas sem resultados previstos. Volta e espera na casa dos pais. Matrícula no colégio, pois só tinha terminado o ginásio, não no Nhonhô Braga, mas na Escola de Comercio do Professor Helio Magdalena. Tive de abandonar tudo, pois logo veio o chamado de São Paulo para assumir o trabalho. Lembro-me do último olhar para a Igreja Matriz ao sair do ônibus da antiga rodoviária local. À noite. Ia iniciar o dia em outro lugar. Luz!

Depois de semanas já havia me instalado e estava trabalhando. Não conseguia pensar em outra coisa que não fosse trabalho. Teatro, só como espectador. Não era só o meu mundo que se desconstruía, o teatro mostrava isto: *Cemitério de Automóveis*, *Navalha na Carne*, *Galileo Galilei*, *O Cinto Acusador*, *Marta Saré*, *Selva das Cidades*, *O Balcão*, *A Resistível Ascenção de Arturo Ui*, *O Rito de Amor Selvagem*, *Peer Gynt*, *O Arquiteto e o Imperador da Assiria*, *Os Sobreviventes*, *Gigantes da Montanha*, *O Assalto*, *Fala Baixo Se Não Eu Grito*, *Hoje é Dia de Rock*, *Os Monstros*, *Dzi Croquettes*, uma avalanche de tendências e idéias durante o período que se sucedeu. Uma mistura caótica, a tentativa de me encontrar. Também aqui.

E foram alguns anos assim. Tinha que continuar trabalhando e manter a infra para sobreviver. Fui contratado pela Companhia do Metropolitano de São Paulo (Metrô) como funcionário de número 184, auxiliar administrativo, para o setor de Organização e Métodos. A atividade era como desenhista técnico, fazia organogramas, fluxogramas etc. Enfim, como tivera experiência como desenhista, quando morava no interior trabalhando com o projetista Paulo do Val, usava agora deste expediente para sobreviver. Gostar, não! Não gostava. Logo fui transferido para um setor que estava sendo criado, o de documentação técnica. Achei ótimo! Primeiro, por gostar de ler e com o estímulo deste novo trabalho acabei entrando no Curso de Biblioteconomia da Fundação Escola de Sociologia e Política de São Paulo, onde me formei como Bibliotecário. Lá foi meu professor o Nonê de Andrade, filho do Oswald de Andrade. Grande figura, piadista como ele só. Lecionava História da Arte. Foi com ele que me reaproximei do teatro. Como trabalho final para a sua matéria apresentei uma performance sobre o Impressionismo. Ele ficou muito satisfeito com o trabalho e me aconselhou: seu negócio é outro. Justifiquei minha escolha, com argumentos sobre a realidade, a necessidade de minha sobrevivência, mas fiquei com a pulga atrás da orelha. Três anos depois de me formar, abandonaria a biblioteconomia. Definitivamente, não tinha nada a ver com essa profissão.

Antes de prestar vestibular, tinha feito teste para um espetáculo como ator. O que para mim era morte, mas era uma alternativa de encontrar um lugar no teatro. Todos os meus novos amigos foram dispensados e só eu fiquei. O espetáculo, que acabei não fazendo, *Romeu e Julieta*, foi dirigido por Jô Soares para a Companhia Ruth Escobar. Ela estava montando na época *O Balcão*, de Jean Genet, a magistral encenação de Victor Garcia. Precisava de dinheiro para acabar o espetáculo, tentou o que achava que seria o estouro e salvação, já que o filme de Zeffirelli fazia sucesso no exterior e não havia chegado por aqui. Só a trilha sonora que era um sucesso. O espetáculo foi um grande fracasso. Ficou desta experiência a lembrança das aulas de esgrima do Professor Hugo, que me são úteis ainda hoje e a minha admiração e amizade pela então recém-chegada ao Brasil, de seu estágio com Martha Grahan, a coreógrafa e bailarina Clarisse Abujamra, minha grande amiga e atriz admirável, com quem é sempre muito bom criar. Resolvi dar um tempo. Precisava objetivar e definir minha sobrevivência para permanecer e alcançar o que almejava.

Terminada a faculdade, optei por fazer mestrado no ITA de São Jose dos Campos, em Informática. Terminei os créditos e parei. A cada espetáculo que via, sentia que estava reaproximando-se do mundo do teatro.

Fui ouvir a leitura de um texto novo do autor de *A Vinda do Messias*. Timotchenco Wehbi. Tinha ficado muito impressionado com a atuação da atriz, Berta Zemel. Isto me entusiasmou para comparecer à leitura.

Timó, como era chamado intimamente o autor, era amigo de Luzia Conti, por sua vez amiga de Mariinha D'Encoli, de Piraju, que sabendo de minha paixão pelo teatro me convidaram para a leitura de *A Perseguição ou O Longo Caminho Que Vai de Zero a Ene*. Quando terminou a leitura, longo silêncio, as pessoas, pareceu-me, não tinham gostado muito. Era muito experimental, comentavam uns, era difícil, segundo outros. Era esquisito!

Formatura como bibliotecário

Gostei. Quando comecei a dar meu ponto de vista percebi que era peixe fora da água. Ao final, pedi para o autor uma cópia do texto para poder ler melhor.

Semanas depois convidei – o para jantar com amigos comuns, como forma de agradecimento. Conversamos muito e falamos de tudo, sobre as críticas que recebera e da importância disso, pois aquilo que as pessoas apontavam como esquisito lhe parecia pertinente já que era um experimento dramatúrgico, feito a partir de exercício com atores jovens, alunos do Curso de Teatro de São Caetano. Ele dizia que os autores tinham que se arriscar, que a cena tinha que se transformar. Concordava plenamente com ele. Neste sentido seu texto era pretexto para cena a ser construída. Era um ótimo material para exercício criativo.

No final, ele, percebendo meu entusiasmo falando sobre os aspectos lúdicos, que envolviam as cenas, segundo minha interpretação, me perguntou porque não me debruçar e dirigir o espetáculo – já que o tinha considerado experimental, fizesse a experiência. Isto para mim, embora encantado pelo debate e pela oportunidade, era uma coisa muito distante e naquele momento se acendeu a velha chama.

Imediatamente comecei a ler o texto com outros olhos. Reconheci minhas limitações para realizar o que desejava, cenicamente. Como fazer? Resolvi procurar o Eugenio Kusnet, para aprender. Grande mestre. Sempre foi considerado o grande diretor de ator. Tinha uma metodologia desenvolvida a partir de sua experiência como ator e estudioso de Stanislavski. Ainda hoje é referência sobre o assunto. Graças à suas obras, publicadas com tanto sacrifício, é que hoje proliferam nas estantes das Universidades novas publicações sobre o tema.

Aprendi muito e muito do que sei de minha relação com o ator, devo a ele. Um aprendizado que não acaba nunca. Quando fui procurá-lo disse que gostaria de aprender a me relacionar com os atores no exercício da direção. Que não gostaria de ser ator. Que gostaria de ficar observando-o trabalhar com os atores. Ele respondeu-me, veemente, que não era assim. Segundo ele, era fundamental passar pela experiência como ator, pois o ator tem mecanismos diferentes dos do diretor e eu precisava conhecer primeiro isto, para saber como dirigir. Que aprendizado! Passei um tempo trabalhando com a atriz Maria Ilma, que generosamente se prontificou a passar pela experiência. Tomamos durante bom tempo o texto de Timochenco como referência. Também já começava com o pé direito e investindo com pessoas interessadas de verdade no ofício do teatro. Tempos depois parti para minha experiência com os atores na feitura da peça.

De Eugenio Kusnet, além da experiência pontual em minha formação, ficaram duas deliciosas passagens.

A primeira, foi quando descobri, que ele fora amigo – e com quem fugira para o Brasil – de um senhor que morava em minha cidade e fui eu o reaproximador deles. Este senhor fazia teatro em minha cidade, antes de começar a me interessar por isto. Segundo conversamos algumas vezes ele era aquele digno representante de teatro de província, como se falava. Ao ver Eugenio representando tinha-se a diferença entre o que evoluíra e o que permanecera parado no tempo.

Certa vez me pediu para trazer um envelope de presente para Eugenio. Ao entregar, Kusnet abre o envelope e fixa o olhar. Transpassa o tempo. Longa Pausa. Depois sorrindo diz: que bichona! Era ele quando jovem, de peruca do século 18 e pinta de veludo do lado do lábio superior, quando fizera, provavelmente, alguma peça de época e que nunca fiquei sabendo qual. Rimos muito. E falamos sobre as diferenças entre eles e o que a vida tinha feito com ambos. Felizes, acredito, cada qual à sua maneira.

A segunda passagem foi quando, conversando sobre dificuldades no trabalho, ele apontou-me que eu era bom naquilo que fazia, mas seria melhor quando deixasse de ver com olhos de ver e passasse a ver com olhos de sentir. Passo a vida tentando o exercício. A cena pede este olhar.

Capítulo VI

A ESTREIA

Fiquei impressionado com o processo de criação do espetáculo. Os atores foram muito generosos comigo. Permitiram-se experimentar todas as propostas apresentadas pela direção. O próprio Timochenco sugeriu os atores Jair Assunpção, seu amigo, e Raimundo Matos recém chegado da Bahia.

Jura Otero, preparadora corporal, era amiga de Eugenio e Timochenco da Escola de Teatro de São Caetano e tinha sido professora de Jair.

O projeto do espetáculo era simples na sua concepção e complexo na sua realização, pelo menos naquela época. Projeções fixas e em movimentos sobre a cena serviriam para dialogar com a busca dos personagens *zero* e *ene* na tentativa de achar um suporte para sua fixação como artista. O homem como modelo. Sucessivamente eram trocados os papéis, como num psicodrama, muito em moda naquele momento, no sentido de encontrar uma solução para a questão existencial de ambos. Entrada para o mundo do teatro e seu rito de vida e morte. Nunca mais li o texto. Mas era material muito bom para quem precisava de um sopro para procurar sua *garalhufa*.

O espetáculo foi montado graças à colaboração e crença de amigos. Wanderlon Caíres, Iara Nascimento, José Roberto e Ary de Souza.

A PERSEGUIÇÃO

Raimundo Matos e Jair Assumpção

Jair Assumpção e Raimundo Matos

MINISTÉRIO DA JUSTIÇA
DEPARTAMENTO DE POLÍCIA FEDERAL

CENSURA FEDERAL

TEATRO

Certificado Nº 3.401/74

PEÇA: A PERSEGUIÇÃO

ORIGINAL DE: TIMOCHENCO WEHBI

APROVADO PELA D.C.D.P.
CLASSIFICAÇÃO

PROIBIDO PARA MENORES DE DEZOITO ANOS 18

VÁLIDO ATÉ 19 de SETEMBRO de 19 74

Brasília, 26 de ABRIL de 19 74

ROGÉRIO NUNES
Diretor da DCDP

M.J-D.P.F
CERTIFICADO DA D.C.D.P

Certifico constar no arquivo de registro de peças teatrais deste Serviço, o assentamento da peça intitulada: A PERSEGUIÇÃO

Original de: TIMOCHENCO WEHBI

Tradução de

Adaptação de

Produção de: SETRA, ARTES ESPETÁCULOS PROMOÇÕES S/C LTDA. - SP -

Requerida por JOSÉ ROBERTO CAMPANILE

Tendo sido censurada em 22 de ABRIL de 19 74 e recebido a seguinte classificação: PROIBIDO PARA MENORES DE 18 (DEZOITO) ANOS. CONDICIONADO AO EXAME DO ENSAIO GERAL. O PRESENTE CERTIFICADO SOMENTE TERÁ VALIDADE QUANDO ACOMPANHADO DO "SCRIPT" DEVIDAMENTE CARIMBADO PELA DCDP.

Brasília, 26 de ABRIL de 19 74
MHF

MANOEL FRANCISCO C. GUIDO - SUBST.
Chefe do Serviço de Censura

DPF-150

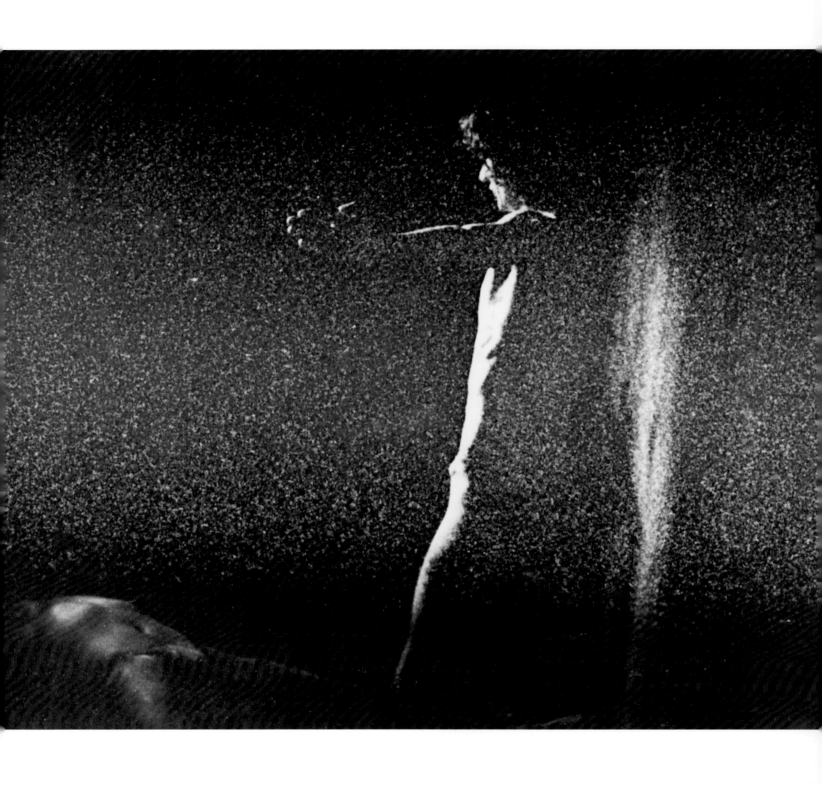

Certificado de Censura – frente e verso

A PERSEGUIÇÃO Raimundo Matos e Jair Assumpção

Como não conseguíamos teatro em São Paulo, estreamos em Porto Alegre no Teatro de Arena. Fomos para fazer duas semanas e ficamos dois meses.

Em São Paulo, o espetáculo fez temporada primeiro no Teatro da Aliança Francesa do Butantã e depois foi para o Teatro Treze de Maio no Bixiga. Aqui, Raimundo Matos foi substituído por Themilton Tavares. Tive que preparar a primeira substituição de minha vida. Isto também é um grande exercício. Aprender a reescrever tridimensionalmente. Não é um texto, mas outro texto. Cênico. São outros valores que entram em questão. Consigo entender o que isto significa para os dramaturgos a cada nova encenação de um texto. Principalmente quando se é imaturo e precisa se afirmar tomando sua criação como verdade, isto é muito difícil. Uma obra teatral é composta de muitos elementos e aprender a dominá-los requer tempo. Primeiro, o embate das ideias. Depois, as diferenças que compreendem a relação de cada ator com a obra, com o outro, e consigo mesmo, naquilo que deve transpor, naquilo que precisa aprender, naquilo que é importante deixar. E principalmente ter que lidar com tudo isso requer um exercício de humildade inacreditável, sem perder jamais sua visão crítica sobre o porquê e o por que está realizando tal trabalho. O espaço mínimo entre as duas maneiras de ver por que e porque abre possibilidades infinitas, perder-se neles pode ser desastroso. Irremediável. Fundamental passa a ser o exercício da objetividade. Principalmente quando se está pensando de forma tradicional em substituição. É uma recriação, mas quais os limites que a determinam. Pena que leva tempo para a gente admitir. É linguagem. É construção. Como um edifício. Obra! Construção.

Foi cumprido o primeiro tempo. A bola estava em campo. Embora as críticas não fossem totalmente favoráveis apontavam valor na montagem. Principal: o público gostava. Nesse momento fui novamente tocado pela necessidade de optar. E isto implicava outros tipos de responsabilidades. Era um trabalho.

A experiência universitária e profissional no trabalho em empresa proporcionava uma noção clara do que isso implicava.

Reconhecia que tinha perdido tempo lá atrás, mas ganho com experiências que meus colegas de geração não tinham.

Crise! Daquelas juvenis, mas séria, pois era pegar ou largar. Tinha experimentado do fruto, sentido o sabor.

Durante a feitura e apresentação do espetáculo, novos amigos apareceram, novas idéias. Importantíssima foi minha reaproximação com Alcides Nogueira. Nesta ocasião escrevera um texto, que logo se transformou em um novo projeto: *Tyde Moreyra e Sua Banda de Najas*. Era impossível pensar concretamente o projeto, era muito grande, muita gente, e só então começava a conhecer a realidade da produção de um espetáculo. Seus custos e responsabilidades. Etty Fraser que o diga, pois passou uma tarde toda conversando conosco, tentando ajudar em nossa imaturidade total. Hoje sei o quanto foi generosa e aprendi com ela a importância deste tipo de dedicação, tanto que depois de anos fui também me dedicar ao ensino na Universidade, como professor. Esta é uma forma do teatro poder avançar. Com Etty, uma tarde sempre é agradável, seu humor é único, sabe transformar tudo em coisa boa, sem perder a agudeza do olhar.

Resolvi então me dedicar a estudar, como autodidata, para tentar superar lacunas básicas para quem se propunha a enfrentar profissionalmente o teatro. Não dava para pensar em cursos regulares, pois tinha que trabalhar. Longas e longas horas dedicadas a leituras. De teoria do teatro. De historia do teatro. De sociologia do teatro. De estética teatral. Longos papos com diferentes turmas. Lembro-me de um delicioso encontro com Luiz Antonio Martinez Correa onde falamos muito, vejam só, sobre tragédia. Sempre me lembro de seu *Titus Andronicus*. Tempos terríveis do regime militar. Rio de Janeiro, Teatro Ipanema.

Outro recorte importante: Marilia Pêra, como *Dona Margarida*, dirigida por Aderbal Freire, foi impressionante ver a potencia da cena. A maneira como o espetáculo transcorria era literalmente uma aula. Tinha no espetáculo outra atitude no sentido da interpretação. Os cortes, as rupturas, a violência, o encantamento ao reconhecer uma grande aula de teatro, dentro daquela aula terrível do texto. As novas veredas que eram abertas no teatro me inquietavam e estimulavam para compreender a necessidade de avançar tecnicamente dentro de novas possibilidades expressivas.

Ruth Escobar é um assunto especial na história de nosso teatro. Também é responsável pelo avanço. Grande personalidade, forte, e mestra, proporcionou a mais de uma geração formação cultural sobre teatro contemporâneo da melhor qualidade. O que de melhor se produzia no mundo. Além dos espetáculos que produziu, foi responsável pelos festivais internacionais realizados na cidade de São Paulo nos anos 1970 e 1980.

Bob Wilson na vida de todos nós. Ímpar.

A noite de estreia e as apresentações que se sucederam foram um acontecimento histórico. Tudo mudou, pelo menos eu acho isto. A crítica mudou. Todo mundo que lá estava mudou. A percepção mudou. O tempo poderia ser novamente poético. E foi. Mesmo em época tão difícil, com tudo caindo pelas tabelas, o tempo poético suportou o tempo real. A poesia encontra de novo seu lugar no teatro. Outra poesia. Outra estética. Outra visão de mundo. Se o espetáculo não podia se chamar *O Tempo e a Vida de Josef Stalin*, passava-se para *O Tempo e a Vida de David Clark*. O que importava era o espetáculo. E a beleza dele.

Dentro dele, possibilidades poéticas para percepção de um sentido novo do real. O evento. Tudo mudava. Era outra proposta. Não serviam mais as velhas formas de trabalho com atores para falar e ilustrar *mimeticamente* a cena. Era necessário outro ator. Outro colaborador. Outro artista. Definitivamente construiu-se outra dramaturgia. A cena falava. Autônoma. Longos papos com Luiz Galizia que participara do processo de montagem do espetáculo. Com João Candido Galvão que foi assistente de Robert Wilson, meu amigo e por muito tempo vizinho, sabia tudo sobre o que sempre brincávamos ser: Os Segredos da Narrativa. Pena que se foi tão cedo.

Muito rapidamente o teatro passou a ter outro significado. Novas buscas. Outros conteúdos. Muitas eram as revoluções. As ações.

Por outro lado, era insuportável pensar tudo isto mudando ao mesmo tempo em que tínhamos pessoas sendo presas, torturadas e mortas. Desaparecidos. Pais, irmãos, parentes, amigos. Companheiros de busca de um sentido para a vida melhor e mais prazerosa. Fui ficando cada vez mais cético com relação a tudo. Não era possível. Quem passou por isto sabe o quanto é duro. Aprender a jogar. Na vida. Na cena.

Fim do período como bibliotecário. Fim de um tempo. Do sonho. Lembro-me da última vez que estive no Conselho Regional de Biblioteconomia, na Avenida Ipiranga em São Paulo. Adeus, ao mundo de satisfações, aos colegas profissionais e aos meus pais, do desejo profissional seguro. Tinha ganhado razoavelmente nestes anos de trabalho e com essa economia resolvi dar um tempo para mim. Sentia que precisava saber de mim. Dizer adeus. Mais uma vez.

Fui embora. Para Europa. Sem saber direito para onde e por quanto tempo. Primeiro Paris. Ainda me lembro de restos de cartazes pregados nas ruas, do *L'âge d'or*, do Théâtre du Soleil, que não vi.

Era verão, e esta cidade é linda, mas no verão, chata. E quente, insuportavelmente. Escala seguinte: Roma. Era como entrar no filme *Roma* de Fellini. Fui direto para o Trastevere e era o início da festa de *Noantri*, era julho. Roma é que é a cidade! Que deslumbre. A vida passou a ser outra. *Esquisita*! A vinda de um caipira para a capital. Literalmente. No dia seguinte à minha chegada a Roma, fui convidado a ir numa festa do Partido Comunista. No jardim do Castelo Sant´Angelo! Do Vaticano?

Primeira piração para entender esta nova realidade. Festa de comunista no Vaticano? É! Isto mesmo. Era verão. Roma em festa.

Tomar café no Greco, em Roma, Via Condotti, 84, perto da Piazza di Spagna, pode parecer pedante, mas é inesquecível! É experiência que vale um mestrado. Toda a humanidade passou e passa por lá, desde 1760. Mas é preciso aprender a aprender. O sentido do estar. É como entrar em cena, teoricamente qualquer um pode entrar, mas é só o começo, depois, depois vem o manter a cena e sair dela. Isto é na maioria das vezes mais difícil do que tudo! O espaço, a luz, o ritmo, a sonoridade, o sabor, saber sorver o café ou o tiramissu, no qual vai café. E optar. É difícil aprender a optar. Mas surge o prazer. Saber deixar-se estar. Simplesmente. Viver a atmosfera da realidade *proustiana* que habita aquele suporte, Um café! Eu, que tinha o cafezinho como sabor de origem, aprendia o sabor da descoberta em seus muitos mundos e culturas, no Greco.

Pano rápido!

Via Della Scala, número 68, interno 2. Morei nesse endereço. Casa de minha querida amiga Lulu Librandi e de sua sempre linda filha Lili, que agora já não brinca de professora, é professora de verdade, e tem dois filhos que são como netos. Lili, outrora uma criança querida com seus olhos negros e grandes. Índia linda! Moramos numa espécie de comunidade, pois tínhamos vindo juntos do Brasil, um grupo de amigos.

Éramos uma pequena família que acolhia exilados, recebíamos amigos. Foi numa dessas ocasiões que conheci minha querida amiga, a fotógrafa Vânia Toledo. Dias agradáveis com direito a passeios no Quirinal com suas laranjeiras. Verdadeiros piqueniques. Nessa época, as pessoas se juntavam para viver. Melhor!

Tempo de férias. Com direito a viagens pelas Dolomitas, girando até a Ilha Corfu...

Antes das férias, a conselho de Negra, uma companheira chilena que na verdade se chamava Nieves, havia feito inscrição para um curso que seria oferecido pela RAI – Radiotelevizione Italiana, para estrangeiros.

Quando voltamos de férias tinha correspondência chamando-me para fazer entrevista. Menos de um mês depois estava estabelecido em Firenze, Via Cavour, para início no Curso de Direção em televisão. Jamais esquecerei da torre do Duomo, vista da minha janela ao acordar. Não era mais o livro de história da arte, mas a arte ela mesma no meu cotidiano. Vivia no berço do Renascimento, aprendia lá. Renascia em mim mesmo. Andar pelas ruas era uma aula pública. Aprendi com isso. A ver a vida e arte das cidades. E seu cotidiano.

Foi uma grande experiência. Aprendi a lidar com outro veículo, a televisão, e com a informação, mas de um jeito que até hoje é fundamental para meu trabalho como encenador. O projeto do curso era muito bom e a prática era surpreendente, tendo em vista os resultados conseguidos.

O Senhor Damilano, coordenador do curso, era um homem de grande visão. Seu trabalho com *I Ragazzi*, como ele nos chamava, era surpreendente. Encontrava em um curso tudo o que imaginava ser um curso de formação, embora em tão pouco tempo. Era um básico que dentro dos padrões normais de cursos desta natureza *dava baile*, como se diz, tal o nível dos professores e da competência profissional de toda a equipe.

Tinha também o curso chato, mas que foi fundamental para aprender a nos relacionar e reconhecer o trabalho de outros: o curso de maquiagem. Aprendi com a sabedoria da condução do experiente professor, grande profissional, nos alertava de forma prática, é preciso! Por isto é importante saber como se faz! Aprendemos a nos desarmar ao vermos o resultado de seus trabalhos em filmes que realizara com gênios, como Luchino Visconti.

Primeira aula sobre o documentário *I Clown* de Fellini, realizado para a RAI. Seguiram-se outras obras-primas como o registro do aluvião de Firenze de 68 etc. Carla Fracci dançando em *croma-key*, uma técnica usada com muito sucesso.

Acompanhar as transmissões das gravações das sinfonias de Mahler com a Sinfônica de Viena, regidas por Leonard Bernstein. Cobertura jornalística sobre a situação política da Espanha de Franco e a deplorável utilização da medieval garrote como pena mortal aos Bascos, sempre revolucionários. Era outra realidade, muito diferente, e igual! Oportunidades, olhares abertos para o mundo em transformação.

Neste período, vi espetáculos dos mais variados gêneros e tive acesso a muitas pessoas, personalidades. Numa viagem de pré-produção de meu trabalho final, *Ubu*, em Milão, além de ter oportunidade de ver Giulieta Massina em estúdio gravando, veio de lambuja a oportunidade de ver Strehler e seu elenco do Picollo fazendo Goldoni. É inesquecível, seu discurso sobre a transformação histórica do mundo, poeticamente, em seu *Campiello*. A realidade da poesia revelando o novo mundo numa perspectiva histórica. Viva os clássicos! Que importante reconhecer as diferenças do tempo no tempo. Dario Fó na televisão quebrando tudo. *Póvero Nano!!! Carmelo Bene*, em teatros underground de Roma, Ronconi em Prato, com sua *Utopia*, cenas desfilando em nossa frente, como escola de samba tendo como tema as comédias romanas. Verdadeira aula de composição poética da nova cena. Tudo mudava. Eu, que aprendera tanto com ele, lendo na revista *Sipario* sobre seu espetáculo baseado no grande clássico italiano *Orlando Furioso*, agora aprendia que a estética que é tão conhecida dos cortejos carnavalescos, e que mais tarde vou ver bem criada por Lina Bo Bardi no seu projeto realizado para o Teatro Oficina, podia ser uma nova opção para organização espacial do espetáculo.

A arena de Verona foi um marco de esplendor e espetacularidade e se tornou inesquecível com aquela *Turandot,* e com Bejart coreografando a *Nona* de Beethoven. É sempre inesquecível ver óperas, mesmo quando questionáveis, nas Termas de Caracalas, em Roma. Não dá para deixar de assistir. Principalmente se for uma *Aida*.

Meu trabalho final na RAI foi *Ubu Rei*. Até hoje guardo um dos bonecos feitos com uma foto minha para contracenar com atores. Já misturava linguagens na busca da melhor expressão das idéias e na certerza de que são muitas as realidades. Aprendia a curiosidade para lidar com elas. Neste sentido, questionava os meios tradicionais de trabalhar o espetáculo.

Nos feriados de outubro, fui conhecer Munique e Augsburg, cidade natal de Brecht. Não encontrei nada de especial além de uma cidade pequena e burguesa. Isto já foi o suficiente para entender o projeto de radicalidade de Bertholt. Mas o sólido casarão permanece lá!

Quando voltava para a Itália, ainda no trem, vejo nos jornais que haviam matado Pasolini. Luto! Ficava evidente que por lá também as coisas estavam pegando, pesado. Começava a questionar sobre voltar ou não. Onde era meu lugar?

Ao terminar o curso, no final do período, tinha como projeto voltar para Roma. Lá montaria *Doroteia,* de Nelson Rodrigues, que havia traduzido com Gina Croce, para encenar no Teatro Del Pavone, numa rua paralela à Via Nazionale.

A vida dá bailes. E ainda bem! Tudo muda. Dias antes de começar os ensaios, resolvi ler um texto de Alcides Nogueira que tinha levado comigo e resolvi mudar a rota. Voltar para o Brasil. Era no Brasil que deveria atuar. Minha juventude e energia deveriam ser usadas para construir meu trabalho dentro daquela realidade. Jogar tudo para o ar e voltar. Há momentos em que precisamos aprender a optar pelo nosso caminho. Voltar é reconhecer. Mas diferente. Gesto juvenil. Tinha aprendido e tenho tido o privilégio de usar o livre arbítrio, o ir e vir. Foi só o começo. Começo de uma carreira de muitas idas e vindas.

Capítulo VII

INÍCIO DE UMA CARREIRA – O DIRETOR

Ao chegar no aeroporto, meus pais tinham vindo de Piraju para me receber. Era Natal! Não teria de imediato onde ficar, pois meu apartamento estava alugado. Longa viagem de volta. Ao meio falatório, por muitas vezes perguntava o que estava fazendo aqui. Ao chegar na casa de meus pais, depois de tão longa viagem, tudo parecia diferente. Estrangeiro. Melancolia. Foi a primeira vez que realmente entendi o que era que significava melancolia. A gravura de Dürer ilustra bem. *Hamletiana* condição.

Dias depois já estava de volta a São Paulo procurando meus pares teatreiros.

Primeiro espetáculo que fui convidado para realizar, depois deste retorno, foi um infantil produzido por Antonio Maschio e Dulce Muniz, que ganhou prêmio com sua interpretação, tão delicada, da bruxa querida.

Era um espetáculo muito bonito e onde me pus a prova, pois sempre tive comigo que criança não mente, ou gosta ou não! Fui aprovado. O texto *A Bruxa Colorida,* de autoria de Manoel Carlos Karam, era bem engendrado. Procurei ir pelo caminho mais simples com algumas jogadas que abrilhantavam o espetáculo. O cenário do Cadu e o figurino de Neneco funcionavam, eram bonitos. A estreia no antigo Teatro Paiol foi lotada e cumpriu uma bela temporada. Era a retomada com profissionais competentes, entre eles, Dulce Muniz e Renato Dobal. Belo resultado.

Figurino de **A BRUXA COLORIDA**
desenho de Marcio Aurelio
A BRUXA COLORIDA
Dulce Muniz e Renato Dobal
Dulce Muniz

POMPA E CIRCUNSTÂNCIA

Tentei também retomar minha turma, pois estando sem ter onde morar fiquei um tempo na casa de minha amiga Cida Moreyra. Outro hóspede dela era o Alcides Nogueira, que tinha acabado a sua república estudantil, onde moravam Beto, Bosco e Dema, meus primos, Pia casado com Margot, Ted, e os amigos que se aboletavam para uma massinha no jantar dos finais de tarde. Lá conheci também Cissa Camargo, Edélcio Mostaço e Marcelo Almada. Voltava a reencontrar Lu Lacerda, querida amiga sempre muito presente. Por lá passava todo mundo, todo o pessoal do Ponto Quatro, um bar que frequentávamos no final da Consolação, ao lado do tradicional Riviera e em frente ao Cine Belas Artes. Tinha também Miguel Magno, Guilherme Marback e Celuta Machado, a turma com quem passaria a trabalhar.

Todos queriam fazer a *Banda de Najas*, mas eu estava fascinado pelo texto do Alcides que lera na Europa e fora um dos motivos de meu retorno: *A Farsa da Noiva Bombardeada*. E foi esta que montamos.

Juntamos nossos esforços para ficar um mês em cartaz. Teatro Cenarte, do Othon e Alna Prado. Era o que nossa perna permitia para retomar o trabalho. Era a primeira tentativa de montar um grupo. Passamos a adotar o nome Pompa e Circunstância. Era uma contradição diante da situação de dificuldades. O nome era mais irônico do que qualquer coisa, pois de acordo com a circunstância, era a pompa. A pompa era estar naquele momento de grande dificuldade tendo coragem e conseguindo falar sobre o que se acreditava.

Era um trabalho que tentava falar que também estávamos sendo despedaçados, mas tirando o povo do *underground*; a critica especializada, por exemplo, torcia o nariz. Nossa metáfora era outra e eles tinham dificuldades para reconhecer as necessidades de outra geração. Parece que era proibido falar por metáforas que não fossem aquelas estabelecidas pelo plantão. Queríamos dizer que também estávamos como uma noiva, que fora separada do marido por ter sido de forma traumática eliminada e mortalmente ferida no dia do casamento e que ficara com o tesão entalado. Era a necessidade de desentalar o tesão. Viver. Onde estava o autor. Onde estavam as personagens. Quem organizava ou dizia o que fazer era *Brecht*, que como personagem, sentado no fundo da plateia, gritava aos berros com seus personagens que se perdiam em confusões. A coreografia do final do espetáculo, assinada por Reginaldo Poli, dos Dzi Croquettes, era a tentativa de dizer: estamos dançando, no duplo sentido... mas, estamos vivos. Apesar de tudo. Era uma juventude se perdendo em roteiros de autores que não davam conta da realidade.

Era a estreia de uma porção de gente, Miguel Magno, Eliana Gagliardi, Zilah Crisostomo, Marcelo Almada, Celuta Machado, Guilherme Marback, Cida Moreyra, e Alcides Nogueira como ator e dramaturgo.

A FARSA DA NOIVA BOMBARDEADA
Alcides Nogueira

A FARSA DA NOIVA BOMBARDEADA
Cida Moreyra, Miguel Magno e Celuta Machado
Cida Moreyra e Guilherme Marback

Era uma luz de força e expressão na condução das ações contraditórias. Era outro Brecht. Não o da cartilha adotada, mas o da subversão dele mesmo, da associabilidade. Foi um momento muito importante. Dias maravilhosos de discussões internas. Era outra poética. Não queríamos ficar como Brecht personagem, dirigindo da privada no fundo da plateia, mas assumir alternativas diante do que se estabelecia, tramar no jogo criativo. Nos rebelarmos como personagens de nossa história. Teria um preço, mas todo mundo apostava. Isto era jovem demais diante do panorama geral e, se não acreditássemos de verdade nisso, teríamos sucumbido. Era quase um manifesto. O texto do Alcides era como que depoimentos apresentados publicamente.

Tínhamos conseguido. Era mexer num palheiro tentando encontrar a agulha, o foco.

Muita gente jovem veio se aglutinando. Ganhávamos espaço. Os novos, saídos da universidade, ou não, tais como Cláudia Alencar, Bereca Raulino, Lúcia Pereira, Deco Dantonio, João Carlos Couto, Armando Tiraboschi, Flávio Fonseca, entre outros tantos, se sentiram identificados e começaram a chegar.

Começaram então as discussões sobre continuidade de trabalho. Éramos muitos mais. A tribo tinha aumentado. Os pontos de vista também. Decidimos montar *A Banda de Najas*, texto de Alcides Nogueira. O tema era o mesmo do anterior, a condição da juventude. Queríamos falar de nós. Nossa condição real era de pura desolação, pois não tínhamos a menor infraestrutura e um mundo por criar, ou melhor, recriar, poeticamente. A metáfora era ainda muito mais clara. Uma trupe que não conseguia se fazer existir no mundo do espetáculo. Vivíamos o que falávamos. Era pura performance. Mas tudo complicado, pois internamente a crise foi se instaurando cada vez mais. O espetáculo, depois da estreia, só interessava para os loucos, malucos de plantão e terminou como o texto predizia, cada um seguindo um caminho. Procurando individualmente como fazer o seu. Sobrava só o palco. Vazio. O mundão tinha conseguido. Enquadrado o que era subversivo, de outra forma. Outra política. O espetáculo traduzia esta colcha de retalhos de expressões tentando dar cara a tanta perda de talento. O tempo se incumbiu de colocar cada qual em seu nicho. Odeio esta visão de misericórdia, mas... socialmente falando dá para traduzir como a violência e destruição de uma geração. Talvez por isso a dificuldade. Não atendia, nem para parte do elenco, ao ideal poético, ou estético, e para a maioria não atendia ainda o econômico, pois tínhamos necessidades financeiras. Era difícil dar liga ao que se traduzia exatamente em pedaços. É dolorido. O fim do espetáculo era sua realidade. Sem aplausos. Os atores saíam do teatro e ficavam no ponto de ônibus em frente, na rua, esperando em fila, para partir cada qual para seu destino, até a saída do último espectador. O cartaz do espetáculo do Vitor Nozek traduz a proposta.

Fim de um tempo. A circunstância determinou o fim da pompa. Mas tudo na paz. Só a melancolia de não saber utilizar a experiência de forma mais prazerosa. Ficou a cumplicidade juvenil. Hoje nos encontramos e tem aquele brilho no olhar que revigora nossa jornada.

Entre a realização dos dois espetáculos tive o privilégio de executar duas pequenas jóias, *Flicts* e *Canção do Esforço Humano*.

A BANDA DE NAJAS

João Carlos Couto e Décio Dantonio

Eliane Gagliardi

Marcelo Almada e Armando Tiraboschi

Bereca Raulino e Miguel Magno

Flicts, a cor que não combina com nada. Este é o tema desta história arquitetada por Ziraldo e que fui convidado a realizar no teatro por Cristiane Rando e sua irmã Silvana. Cristiane cursava a Escola de Arte Dramática e queria começar a produzir seus trabalhos, era e é ainda hoje uma mulher arrojada. Também pensava em turma, juntar a turma. E foi. Um elenco talentoso que foi mudando durante a temporada de sucesso da longa carreira do espetáculo. Aninha Cavalieri, Ligia Pereira, Armando Tirabosqui, Deco Dantonio, a Cris e a Silvana. Na segunda temporada entra o Lu Raimo e Edson Celulari. Eram todos alunos da EAD. Os cenários e figurinos eram do Serroni e do Augusto Francisco que ganharam prêmios tal a beleza. Era um espetáculo divertido e que se construía como um joguinho de armar a cada situação nova em que a personagem se encontrava. Foi uma experiência importante, pois percebia que construía a cena com delicadeza e vigor. Sabia pedir aos atores objetivamente o que a cena exigia. Como eram muito criativos, eu sabia que precisaria atentar para os limites na extensão do jogo. Foi um sucesso.

A *Canção do Esforço Humano*. Este foi um trabalho pontual. Maria Lúcia Pereira estava no último ano do curso de interpretação da ECA/USP e não tinha professor para dirigir seu trabalho de conclusão de curso. Ela vira o espetáculo *A Farsa da Noiva*... e se encantara. Convidou-me então para realizarmos a empreitada como é de costume nas escolas de teatro. Para mim foi uma experiência marcante por diferentes aspectos que podem ser considerados na carreira de um jovem diretor.

A ideia era fazer uma pesquisa sobre as personagens femininas de Brecht. Leitura de sua dramaturgia e busca de uma organização que não

FLICTS programa da peça
CANÇÃO DO ESFORÇO HUMANO
Lúcia Pereira

se baseava em evolução dramática, mas temática, da alienação para o engajamento. Opção difícil, porém importante, pois, como diretor, começava perceber que um novo tipo de atuação era possível. Como construir o discurso da cena. A tradução na cena. A escrita que visava outra estética. Não era o caso de montar peça, mas pensar a peça, e como utilizá-la. Mais, confronto de personagens e a reorganização e construção de novo texto que não era para ser vivido, mas demonstrado como embate de ideias e suas contradições.

No cômputo geral, o resultado agradou muito, mais ainda a nós que o realizamos. Aprendi que a gente tem sempre que gostar muito do que faz. Também o diretor, crítico e único professor da escola que assistira ao espetáculo, o senhor Miroel Silveira, ficou feliz com o resultado. Conversamos muito sobre a experiência e nos tornamos amigos, tendo ele, a partir de então, acompanhado minha carreira sempre com olhar atento e responsável. Ficou também a solidariedade de jovens atores que, ao assistir, passaram a reconhecer o trabalho e o que ele tinha de diferencial. Foi excelente. O espetáculo acontecia em um ringue de boxe, onde as personagens, ou figuras, debatiam-se pelas ideias. Começava com Jenny da *Mahagoni* e terminava com Pelagea de *A Mãe*. Como contraponto, tínhamos ao piano a presença sóbria e elegante de Cida Moreyra. Anos depois, um dia, estava eu incógnito na plateia de um show de Cida e ela delicadamente dedicou a mim, o *Nina Nana*. Vou ser sempre grato por este momento de ternura.

De todos os aprendizados sobre a mulher fica um aparentemente bobo, mas revelador. Pedia a Lúcia que realizasse a *Viúva Begbick* de sapatos de salto. Muito alto. E ela dizia: é inacreditável o que uma mulher tem

CANÇÃO DO ESFORÇO HUMANO
Cida Moreyra

que fazer e sofrer para se parecer sensual! Aprendemos que existia violência nisso também. E um preço. É do jogo. Mas ela realizava lindamente esta sensação. Contraditória.

Como sobreviver naquelas águas. A cada situação, nova empreitada. Responsabilidade de diferentes ordens. Como sobreviver nisto tudo! Não se trata só de uma questão de vontade. Mas de realização. Descobri que no teatro, como em qualquer profissão, tem de estar com a mão na massa, sempre, se não perde-se o ponto, como se diz.

Pra que reter a onda

Que vem desmanchar a teus pés

Enquanto permaneces aí

Novas ondas virão quebrar

No cais.

OS FARSANTES

Alcides Nogueira volta de férias, tinha ido para Botucatu. Veio me contar uma experiência que tivera por lá, onde escrevera um novo texto e o apresentara como uma espécie de performance. Tinha ainda um pouco a cara de armação do material. Mas o assunto era intrigante.

Tietê, Tietê ou Toda Rotina Se Manteve Não Obstante O Que Aconteceu.

Falamos sobre como retomar o trabalho. Era praticamente impossível prosseguir com a mesma equipe do Pompa e Circunstância. Literalmente tinha se esfacelado. Tentamos várias investidas. Organizamos outro coletivo de criadores: Os Farsantes. Foram longos encontros para tentarmos resgatar nosso lugar no jogo do teatro profissional.

Tínhamos, agora, outro núcleo de atores: Marcelo Almada, João Carlos Couto, que vinham dos trabalhos anteriores, e a eles somavam-se nessa nova etapa Edélcio Mostaço, Cecília Camargo, Maria Cecília Garcia, Jussara de Morais, Júlia Pascale, Elias Andreato e Edith Siqueira (que chegava para os ensaios de *Tietê, Tietê*, com a cesta tendo dentro o seu filho Thiago, ainda bebezinho. Isto na Escola Fralda Molhada, que nos abrigava para os ensaios do novo grupo em Pinheiros).

A idéia, em *Tietê, Tietê*, era discutir sobre renovação ou não, tendo como referência as figuras do Modernismo brasileiro. Era um embate entre modernos e jovens. Os modernos estabelecidos e os jovens que buscavam o novo, sem leis. Pelo desejo jovem. Era retomar vários assuntos, vários temas. Performático, na medida em que lidávamos com questões que eram absolutamente pertinentes à nossa realidade juvenil. Não precisava forjar uma. Era revisitar a nossa própria história. Só que de um jeito lúdico. Crítico, e com bom humor.

Foi muito bom como retomada de posição artística e profissional. O espetáculo tinha uma construção extremamente rápida, com uma cena limpa, apostando nas atitudes como reveladoras do jogo das personagens, históricas e ficcionais, misturando realidade e faz-de-conta. Era propício para a época. Um misto de coisa séria com absurdo. O ideal burguês e a rejeição pelo confronto com o desconhecido. O sentido

MANIFESTO DOS FARSANTES

Somos ,o que nunca fomos: um grupo, um coletivo de trabalho, um espaço novo em nossas vidas. Estamos em busca da compreensão de tudo, enganados que fomos, esquecidos que fomos, repudiados que fomos. Quando nascemos já era 64, já era 69, já era o vazio de 70 que sobreveio ao cheio de 68. Nascemos da farsa de nosso tempo.

Tupi or not Tupi. Só a antropofagia nos une. Pela corruptela, pelo dístico contra a sizudez, contra o realismo, alegria é a prova dos nove: só a farsa nos une. Socialmente, Economicamente, Filosoficamente. Está fundado o Desvairismo, e este manifesto, apesar de interessantíssimo, inútil.

Queremos do modernismo a seiva para encontrar o sentido da modernidade; **TIETÊ, TIETÊ!** Corso coruscante de águas fétidas e poluidas a singrar os proletários recantos de uma paulicéia desvairada. Bandeira Rediviva a percorrer os destinos deste grande sertão: veredas que dão todas no Xingu impaludismo, esquistecsomose, malária, sarampo, uma doença infantil, como o esquerdismo, que mata. A prata, a sandália da mulata. o luar de prata nas matas do Araguaia, simples pedras verdes, não as esmeraldas verdadeiras. Porque o diamante verdadeiro só faz fazer de Nova York algo assim como Paris, eu sou primeiro, eu sou mais leve, eu sou mais eu e você também tem que saber se inventar: não dá mais pra segurar - explode coração.

Somos pelo principio de prazer, pelo principio de fazer, pedreiros que sabem que só da conjugação de esforços nascerá a construção. Não a faraônica pirâmide fascista e autoritária, mas a casa suficiente para abrigar a vida, dois metros de verde e alguma água límpida: luxo e alguns brilhos que também ninguém é de ferro. Farsantes - anti-manifesto. A alegria é a prova dos nove.

Pelo ato poético, pelo ato polético. pelo ato politico. Tico-Tico no fubá ⚌ a ideologia alemã.

A História quando se repete é como farsa, como falsa, como sarça ardente onde possível é contemplar o deus iluminado e conhece-lo. A epifania do Teatro. A falsa fluidez que fixa o instante. O faz de conta mágico que permite a poesia. Desse jogo perigoso só o farsante conhece as regras porque assume o jogo O Instinto Caraíba.

A unificação de todas as revoltas eficazes na direção do homem. Sem nós a Europa não teria sequer a sua pobre declaração dos direitos do homem. A idade de ouro, anunciada pela América. A idade de ouro,

No matriarcado de Pindorama, não queremos que toda rotina se mantenha, não obstante o que aconteceu: 22+32= 54+10= 64.

Toda a história bandeirante é a história comercial do Brasil.

OS FARSANTES

MANIFESTO DOS FARSANTES

TIETÊ, TIETÊ

Cecília Camargo, Júlia Pascale e Edélcio Mostaço

Júlia Pascale e Edélcio Mostaço

Maria Cecília Garcia e Elias Andreato

Edélcio Mostaço, João Carlos Couto, Jussara de Morais, Edith Siqueira, Elias Andreato e Júlia Pascale

Edith Siqueira e Elias Andreato

Edélcio Mostaço e Marcelo Almada

Elias Andreato, Marcelo Almada e Júlia Pascale

Julia Pascale, Edith Siqueira e Elias Andreato

revolucionário pela licença poética. Como se fosse possível brincar com coisa tão séria. No teatro pode. A história do teatro avaliza o credo! É neste período que comecei a pensar sobre a dificuldade do épico no Brasil. Falta de perspectiva histórica. Como retomando os modernistas, Edélcio, no manifesto de lançamento do espetáculo apontava: Só a antropofagia...nos une!

Ficou um sabor de quero mais. Foi um projeto que deu certo. O teatro sempre cheio. A vibração pelo trabalho. A nossa juventude e os ideais revolucionários de plantão.

Enquanto acontecia a temporada do *Tietê,* realizei duas outras experiências. *Cidadezinha Qualquer*, um espetáculo com o Coral Banespa a partir de poemas de Drummond arranjados para canto coral. Era lindo, simples. De matar saudade de minha Piraju, com seus casarios pobres e o tempo comendo solto enquanto um burrico passa... Musica é outro texto. Aprender a mexer com ele, nos leva a outra percepção de espetáculo. Ritmo. Melodias, elementos fundamentais para o palco. Aproveitei muito como apuro técnico de meu trabalho. Que, diga-se de passagem, sempre foi muito musical. Acho que pela frustração por não ter estudado seriamente música, que é uma grande paixão. Hoje percebo que ela é uma espécie de pedra fundamental para tudo o que realizei.

Era um trabalho semiprofissional, com funcionários do banco, onde o objetivo era proporcionar o crescimento e relacionamento humano e onde entrava fundamentalmente outra dinâmica para construção do espetáculo. Foi importante retomar algumas coisas de relacionamento condicionado à produção, relembrando as técnicas empresariais de gerenciamento. Algumas coisas foram relativizadas com o aprendizado da RAI, onde o rigor profissional era determinado por contratos e onde a objetividade era fundamental. Divisões de responsabilidades, metas, cronogramas. Talvez não tão frio quanto possa parecer, mas com critério.

João Romão foi feito com alunos do Colégio I.L. Peretz. O texto de Alcides Nogueira, para jovens, era perfeito para estimulá-los a observar o caminho e suas quebradas. Experiência estimulada pela saudosa Amália Zaitel, e muito bem acolhida por Guita Guinsburg, então Coordenadora Pedagógica do Colégio. O espetáculo foi um sucesso tão grande que seguiu carreira no Teatro de Arena Eugenio Kusnet, chegando a ser indicado para o Prêmio Mambembe. Até hoje sinto saudade daquela moçada. Inteligentes e sensíveis. Cultos. Como não sei de nenhum deles que tenha seguido carreira no teatro, embora todos fossem bons atores, para a idade e experiência, espero que tenha servido como programa de formação de público. Também é importante. O teatro precisa de quem venha vê-lo. Este me parece ser um papel importantíssimo da formação escolar. A sensibilidade.

Eu terminava os anos 1970 com grande entusiasmo. Tinham acontecido um processo muito intenso e uma avalanche de realizações. Quem já participou de uma produção sabe o que é então passar por um bocado delas. Agora era tudo pra valer. Era pegar ou largar.

JOÃO ROMÃO elenco do espetáculo

convite do espetáculo **JOÃO ROMÃO**

o grupo teatral

mo deste a party

do colégio i. l. peretz

convida para a **primeira apresentação**

de

pão romão (de alcides n. pinto)

direção: marcio aurélio

Dia 17 de Junho horas 16:00

teatro bexiga

rua rui barbosa, 670

grupo teatral **mo deste a party**

participação: alexandre ghelman

alexandre schwartsman

claudio dobrow

dan blinder

lígia p. silber

mauricio carasso

monica guttman

ruth levy

taube goldenberg

O FILHO DO CARCARÁ elenco
Grupo **OS FARSANTES**

Capítulo VIII

ANOS 80 – A PRIMEIRA METADE

Iniciamos a década com o segundo (e último) espetáculo de Os Farsantes: *O Filho do Carcará*, texto de Alcides Nogueira. É o típico espetáculo que tinha tudo para dar certo, tomando o *Tietê* como referência, mas não deu certo. Na semana antes da estreia cheguei à conclusão que estava tudo errado, ou seja, o fim do espetáculo estava no começo e o começo deveria ir para o fim. Mas foi impossível mexer. Os participantes se colocaram contra. Mesmo assim foi um espetáculo com saldos extremamente positivos. Foi onde mais uma vez fazia um cruzamento entre as personagens e um trabalho de identificação biográfica dos atores. Deste trabalho saiu uma nova estrada para aqueles que começavam a entender a questão de se dar importância ao depoimento pessoal na cena.

O FILHO DO CARCARÁ

Sérgio de Oliveira e
João Carlos Couto

Edith Siqueira e Luiz Guilherme

Cecília Camargo, Sérgio de Oliveira,
Marcelo Almada, Edith Siqueira,
Júlia Pascale, Luiz Guilherme e
João Carlos Couto

Dessa experiência fica um aspecto bastante interessante do processo que era lidar com as personagens pela identificação, como se fossem autorais. Biográfico, às vezes, às avessas.

Todos os atores usavam agasalhos iguais, cinza. Pequenos detalhes os identificava nas diferentes histórias que eram apresentadas. Histórias que aconteceram, nossas histórias. Podíamos assumir, sem pudores. Era tudo muito próximo. Histórias que vimos e ouvíamos contar. O teatro e sua liberação política e social realizado por pessoas simples, todos fuzilados... E sumidos, ou desaparecidos como crônica de um tempo. *virabostas*... como eram chamados coletivamente.

Tinha uma atitude na maneira de apresentar as personagens que era diferente. Era um musical. Tudo era apresentado. Ficou a sensação de que, se tivéssemos tempo, tudo poderia dar um grande salto. Caímos de cara no chão. Insatisfações. Era tudo ainda muito recente, e ninguém queria mexer com aquelas feridas tão à flor da pele.

PERDAS E GANHOS

Quando chegamos ao fim dos anos 70 tudo estava mudando, de novo. Eu estava mudando e tinha muitas dúvidas sobre tudo, sobre a carreira e queria parar para pensar, mas não podia. Queria dar um tempo, mas era impossível. Queria repensar sobre a prática e realizações. Mas não dava. Os Farsantes cobravam uma continuidade, que eu não sabia como deveria ser! Já que não era possível parar, resolvi então checar na prática estas questões.

A década de 1980 foi de pura reorganização estética e poética. Firmar o ponto, como se diz e avançar.

A problemática fundamental, para mim, era a questão da cena e do ator. Tinha insegurança sobre os procedimentos. Era necessário sistematizar meus conhecimentos sobre o assunto. Sentia-me estimulado a isso. Era natural, pois, muito jovem, me confrontando diante de um panorama profissional com experiências tão diferentes, não tive tempo para isso, mas me cobrava, e esta é uma constante, me cobro sempre. Lembrei-me de Kusnet, que dizia para se colocar no lugar do ator. Tentar ver a sua visão, a sua subjetividade. Cheguei então a outro ponto, se estava ou não estava contente com o meu trabalho. Num primeiro momento achei que o problema era a minha maneira de ler o texto e conduzir os atores naquele tipo de dramaturgia que estávamos trabalhando. Com o tempo fui reparando que não era isto, que era relativo diante de tantas outras questões. O problema estava na diferença do ponto de vista do diretor teatral para o encenador. Atitudes diferentes, agora a serem enfrentadas concretamente. O problema da visão dos atores e seu ideal estético e suas novas necessidades. No mais das vezes era só o impulso. Éramos muito jovens e as nossas propostas estavam fora dos cânones do teatro estabelecido, nós não conseguíamos lidar com as novas demandas que o teatro pedia. Os métodos, assim chamados, não davam conta da investida que fazíamos.

Agora posso ver claramente no tempo. Como corresponder às vontades de todos se os projetos que nos propúnhamos indicavam outros caminhos? Na época, não era claro que eram projetos muito diferentes. Como organizar diferentes abordagens para conseguir uma idéia de equilíbrio interno diante de tantas vontades, juvenis, na feitura dos espetáculos?

Era isso, éramos jovens. Hoje, dando continuidade a meu trabalho com atores jovens, dentro e fora das universidades, tenho uma visão mais clara e terna sobre isso. Era o tempo de descoberta. Brigo, ainda hoje, quando vejo que, embora muito jovens, querem cristalizar fórmulas. Hoje é outro teatro, e consigo me mover dentro deste movimento olhando tudo com calma, esperando o caminho a ser descoberto para a próxima necessidade. Os outros caminhos que o teatro já percorreu estão aí para quem quiser refazê-los ou revisitá-los.

Naquele momento era diferente. Olhava para estas estradas percorridas e sentia a necessidade de reencontrá-las para passar pelo que era reconhecidamente aprovado. Armadilha. Havia esquecido Heráclito que ensinou que as águas que passam... não voltam.

Estava realizando espetáculos de qualidade, em regra, agradavam, mas, comigo mesmo, não estava tão satisfeito. Resolvi e foquei meu trabalho com o ator, no ator. A dúvida que se colocava entretanto era em como resolver a relação

Ator = Personagem ou

Ator e Personagem ou

Ator e Idéia.

Esta não era uma questão só minha, esta é uma questão que ainda hoje está na roda. Quando se consegue, principalmente, desgrudar do plano da literatura e entrar no plano das ações, poeticamente, já melhora, e muito.

Como articular isso autonomamente é a questão. A veia poética.

Nos mais diferentes momentos e de acordo com cada espetáculo, programava-me e definia o plano de trabalho no sentido de verticalizar, aprofundar a proposta na relação com os atores. Hoje, analisando os diferentes espetáculos do período, pode-se perceber que em cada momento o enfoque é voltado para um aspecto. Isto resultava automaticamente em diferentes resultados poéticos, como já apontei anteriormente. Comecei verdadeiramente a estudar, direito e pra valer, a história do espetáculo e os encenadores, e reconhecer que o mundo já tinha resolvido para mim questões que, pela ignorância, ficavam inoperantes dentro de minha área de atuação, a encenação. Quantos mundos. Técnicas apuradíssimas. Refinamentos. Sofisticações. Dependia apenas de mim agora. Este *mim* era geral, os colegas que saíam da universidade também se debatiam com estes problemas. Como lidar concretamente com isto. Tinha com o que relativizar o conhecimento provocado por meus estudos e minhas necessidades e com as experiências vividas. Compreendia, verdadeiramente, a necessidade da transcodificação da linguagem e da aplicação técnica, e com quais ferramentas conseguir determinados resultados. Não se tratava mais de abstrata teoria. O que era abstração transformara-se em algo concreto. O abstrato era uma opção estética. Não era um maneirismo. Passava-se a apresentar e descobrir um teatro muito mais autoral. Nada como assistir um ensaio do Victor Garcia.

Durante os anos 1980 também misturava-se a tudo isso, além das relações pessoais, a transformação estrutural... a família.

Mudança de meus pais para São Paulo e Piraju vai ficando longe. O eixo mudou. O círculo de atenção, para usar expressão *stanislaviskiana*, passou a gravitar em outro hemisfério. Emocionalmente isto também vai determinar outra forma de expressão. Abalos nas estruturas familiares. Perder o pai sempre é um período marcante na história de qualquer homem. Comigo não seria diferente. A origem. A referência. Início de outro ciclo. O meu. Autonomamente, assumido o novo passo com seus novos valores adquiridos. Revisados. Isto tem que se fazer presente no processo, não se deve fugir ou escamotear. Faz parte. Lembro-me sempre do *Ulisses* do Joyce: *Um pai é um mal necessário.* Humor é fundamental. Sempre!

Politicamente, também estávamos nos transformando. A busca de abertura política e liberdade de expressão passaram a ser a tônica. A estética vai se transformar exigindo novas realizações de fato. O caráter ético passa a ser dia-a-dia observado e reconhecido. O teatro fervilhou novamente. Embates de visões e gerações se confrontaram diante no novo *round*. Era outro o enfrentamento. A cena pedia outro texto.

Foi durante este período que assumi voltar para a universidade. O responsável por me tirar indiretamente da vida acadêmica quando cursava o Curso de Pós do ITA, Timotchenco Wehbi, que era professor do Departamento de Artes Cênicas da USP, me propunha para retornar e fazer o Mestrado em Artes, área de concentração, Teatro. Nos tornamos amigos e nos encontrávamos para um bom papo. Ele era um bom copo! Um dia conversando, em meados de 1986, ele disse-me:

 – *Você tem um percurso no teatro hoje, tem um trabalho de estudo e dedicação. Porque não sistematizar este processo de trabalho. A universidade é o espaço para isto.*

Topei. Fui aceito no mestrado e no ano seguinte, antes ainda de iniciar o ano letivo, vim a perder meu amigo e orientador.

Lá se vão anos de dedicação, Ainda hoje continuo ligado à universidade, ao Departamento de Artes Cênicas da Unicamp, onde ingressei em 1987 e onde vim a me aposentar, ministrando cursos e dando continuidade à pesquisa acadêmica.

Reputo da maior importância o trabalho realizado na Universidade e sinto-me responsável pela formação de várias gerações. Mas a Universidade exige uma dedicação especial, merece um trabalho à parte.

Durante o processo de apresentações do *Carcará*, juntamente com Elias Andreato, resolvemos fazer uma experiência tomando como referência uma personagem de estrutura complexa, literária, e com ela fazermos um exercício cênico. *Diário de um Louco,* de Gogol. Fiz uma primeira tradução do espanhol e adaptação para tomarmos como referência. Retomava o trabalho de Kusnet, a partir das ações físicas. Iniciou-se um processo de colaboração entre nós que foi dos mais fecundos em minha carreira. O sucesso do espetáculo, narrado, foi coroado com meu primeiro prêmio profissional como cenógrafo. Foi uma temporada longa e de grande aprendizado sobre o fazer diário do trabalho.

Um dia, durante os ensaios, o Elias entrou em crise, pois achava que não tinha a idade do personagem e não sabia como resolver sua angústia.

Elias Andreato e Marcio Aurelio

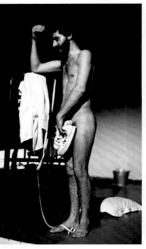  

Então lhe disse: Seja honesto. Trabalhe verdadeiramente com o material que conhece. O público adora ser cúmplice do jogo de teatro. Se você for sincero, o público comprará seu passe. Os que são mais velhos reconhecerão sua verdade naquilo que apresenta e os mais jovens, como você, serão conhecedores de sua sinceridade. Acredito ter sido este um dos espetáculos mais encantadores como realização, pois acontecia plenamente, mesmo quando apresentado para um único espectador num dia 24 de dezembro por compromisso com a Campanha de Popularização do Teatro do então INACEM.

Foi durante a temporada do *Diário de um Louco* que Alcides Nogueira nos convidou para ler sua nova peça: *Lua de Cetim*.

Este espetáculo marca mudança na minha carreira. Aprender a lidar com personagens dramáticas de grande complexidade. Sabia que merecia um olhar mais atencioso para realização plena do espetáculo. De estranhas improvisações agora tratava-se de outra maneira de abordar o texto. Era outra proposta e com ela vinha o nosso amadurecimento. Alcides, Denise, Elias, Julia e eu éramos muito jovens para realizar aquela empreitada. E demos conta. Quem chegou no final foi o Umberto Magnani. Por último, o Ulisses Bezerra.

O trabalho com os atores foi maravilhoso. Tudo se encaixava. Umberto e Denise ganharam todos os prêmios. Muita gente voltou para o teatro

DIÁRIO DE UM LOUCO Elias Andreato
LUA DE CETIM Umberto Magnani e Denise Del Vecchio
LUA DE CETIM Denise Del Vecchio

LUA DE CETIM

Ulisses Bezerra, Denise Del Vecchio e Umbertto Magnani
Denise Del Vecchio

LUA DE CETIM

Elias Andreato e Júlia Pacale

Denise Del Vecchio e Umbertto Magnani

com este espetáculo. Assim como conheci muita gente com ele. Não me esquecerei da minha aproximação com meu amigo, hoje diretor de grande talento, William Pereira, numa das apresentações no Teatro Municipal de São Paulo.

Por causa da continiuidade da temporada o elenco mudou, Dulce Muniz e Thaumaturgo Ferreira substituíram Denise del Vecchio e Elias Andreato. O espetáculo continuou sua carreira pelo Brasil afora.

Edith Siqueira tinha voltado do Rio de Janeiro, onde participara da montagem do Luiz Antonio de *O Percevejo* e resolvemos retomar nosso trabalho: resultou no *Trágico à Força*, a partir das peças curtas de Tchecov. Outro sucesso! Novamente no Stúdio São Pedro.

Mexia com o humor em situações cotidianas e comezinhas, prosaicas mesmo: é muito fácil cair na banalidade, descobrir o tom ideal é o exercício. Contávamos com a participação de uma equipe memorável: Tato Ficher como ator e também ao piano; Rodrigo Matheus, que estreava profissionalmente; e Maurício Maia, com pequena participação como ator e que, juntamente com Yolanda Huzak, atuou como assistente de direção. A encenação buscou como exercício de linguagem trabalhar o ritmo e dinâmicas tomando como referência o cinema mudo e também recursos de montagem cinematográfica. Resultava num espetáculo bem-humorado e ágil. Sua estrutura marcadamente construída era baseada nos princípios tradicionais do teatro. Palco italiano, cortina, alçapão para o ponto, ribalta, cenários compostos com bastidores e bambolinas fazendo moldura para as ações, figurinos bem desenhados e estruturados como pede a boa comédia. Luz clara, sem nuances. Brincava com este diacronismo, embora reforçando o contraste com a realidade. Uma criação absolutamente contemporânea pelos contrastes

TRÁGICO À FORÇA Maurício Maia
Elias Andreato, Maurício Maia e Rodrigo Matheus
Marcio Aurelio
Tato Ficher
elenco da peça

TRÁGICO À FORÇA Edith Siqueira e Tato Ficher
Edith Siqueira e Elias Andreato
Rodrigo Matheus

BAAL
Turma da EAD que participou do espetáculo
André Ceccato
Plínio Soares
Paschoal da Conceição

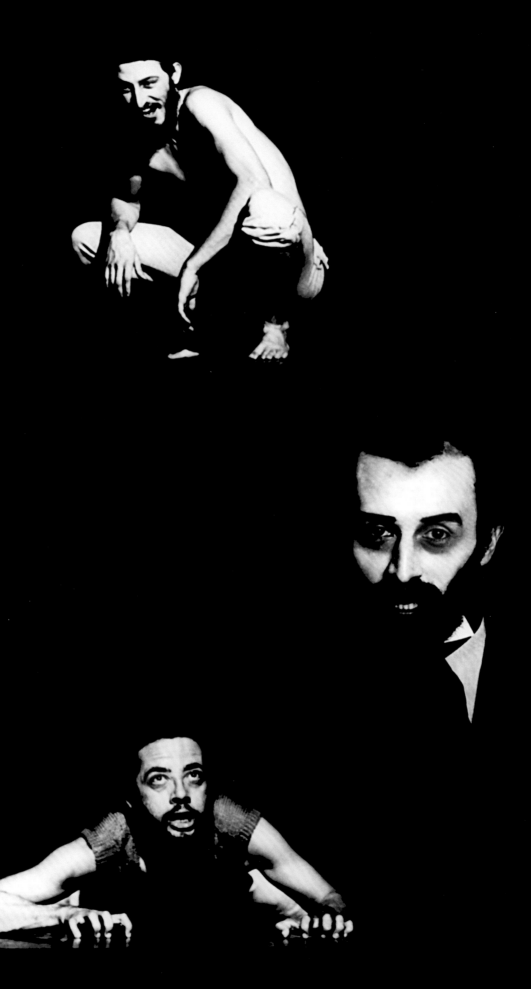

de seu resultado. Um retrato bem-humorado do universo burguês. Elegante, mas ácido como pede Tchecov.

Enquanto aconteciam as apresentações, preparei para a EAD/USP o espetáculo *Baal*, de Brecht, para uma turma muito especial, pois só tinha talentos: Paschoal da Conceição, Lili Fonseca, Plínio Soares, Magali Biff, André Cecatto, Luciana, Patrícia Gaspar, entre outros tantos.

Cenário construído a partir do palco vazio e de elementos de composição que iam se decompondo na medida em que a narrativa se processava. Foi quando conheci Mateo Bonfito, que era amigo de pessoas do elenco e veio para operar a luz. Já se mostrava do ramo. Um artista, que mais tarde vai se revelar também um teórico de respeito. Os figurinos compostos, como sempre, do guarda-roupa da escola, mas curioso. Tenho saudade deste trabalho e mais tarde vou retomar a personagem de Brecht em outro espetáculo.

A crítica e teórica Carmelinda Guimarães considera este um dos meus melhores espetáculos.

Neste trabalho colaborei com Willi Bolle, nossa primeira parceria, traduzindo cenicamente o texto de Brecht, trabalho este editado pela Paz e Terra. A cada vez que leio, gosto mais dele.

Tudo caminhava por aqui, às mil maravilhas, quando chegou o convite para ir trabalhar com o grupo que Márcio Souza liderava no SESC de Manaus. O texto era *A Resistível Ascenção do Boto Tucuxi*, que remonta o texto de Brecht, que por sua vez remonta Shakespeare. Foi muito importante para testar o meu trabalho, agora com atores com quem nunca tinha trabalhado. Em outra realidade. O resultado foi surpreendente. O espetáculo aconteceu estratégica e politicamente nos momentos que antecediam mais uma eleição local. Tensão no ar. Mas o espetáculo foi visto por todo o público manauara, que se divertiu muito com as histórias reconhecíveis que foram apresentadas a partir da sua própria realidade, no Teatro Amazonas. Devo confessar que a construção do espetáculo levava em consideração a montagem do Berliner Ensemble de *A Resistível Ascenção de Arturo Ui,* de 1959, que estudei muito e com dedicação. Aprendi muito com este espetáculo e com o fato de atuar em outra realidade muito diferente. A idéia de muitos brasis no Brasil ficou concreta.

Durante o período que permaneci em Manaus a correspondência foi mantida principalmente com Edith Siqueira, que dava notícias sobre o andamento e receptividade do espetáculo *Trágico à Força*, mas já pensando na continuidade de nosso trabalho.

Quando cheguei a São Paulo, encontrei-me com meus pares e optamos por trabalhar o *trágico*. Elias Andreato se interessou pelo

Édipo. A princípio não me interessava, mas acabei encampando a ideia. Encarava assim minha segunda experiência com o texto de Sófocles. Acreditava na possibilidade de, após o *Édipo*, ir para o *Hamlet* – que era um sonho. Foi uma experiência relativamente frustrante para todos, pois os objetivos mudaram durante o percurso. O resultado nos levou para outros caminhos. Nada que não propicie uma crise renal como consequência. Pura somatização e noites sem dormir, falta de me alimentar direito, beber água e fumar muito. Ainda mais esta, fumava…

Via mais uma vez ruir por terra a possibilidade de um grupo de criadores. Volto novamente a pensar no ardor juvenil, inúmeros desejos e a necessidade de me firmar profissionalmente. Ser autônomo.

ÉDIPO Edith Siqueira, Elias Andreato

Capítulo IX

ANOS 80 – A SEGUNDA METADE

Mais um Mestre Surge

Fundamental o meu encontro com Klaus Vianna. Foram alguns anos de trabalho e de incontestável crescimento. Acontecera com ele o mesmo que com Kusnet, para aprender tem que fazer, trabalhar, você mesmo em processo. Quando você coloca seu corpo como objeto de análise, de estudo, de observação, tudo muda. A percepção fica muito mais refinada. Se tivesse que detalhar o processo com ele, diria que aprendi a escutar meu corpo de dentro para fora e pensar o corpo como linguagem e expressão. O trabalho que até então era intuitivo passou a ter outra dimensão. Foi providencial esta etapa de aprendizado para renovar e revigorar o trabalho. E ainda hoje o é! Tudo o que vim a realizar depois tem a marca indelével do trabalho com o Klaus, de jovens atores à nossa grande bailarina Márcia Hayde, amiga das mais queridas. O corpo determina.

Nessa ocasião, fui convidado por Othon Bastos e Marta Overbeck para fazer a montagem de *Quase 84*, de Fauzi Arap. O casal de produtores logo desistiu do projeto e assim, estimulado por Fauzi, acabamos realizando o espetáculo com outros atores: Ênio Gonçalves, Valderez de Barros, Dulce Muniz, Seme Lutif, Cláudia Alencar, Rodrigo Matheus, Paulo Pompéia. Cenário do Serroni. Lindo. Era um discurso sobre a amizade, o poder e a corrupção – e as relações pessoais e profissionais, ser criativo ou não dentro do sistema. O estatuto moral do cidadão, do profissional. Estava completamente em crise criativa e de produção. O texto do Fauzi veio ao encontro. O espetáculo era lindo, mas triste. Prazer mesmo foi ter tido a oportunidade de ver, numa daquelas tardes de domingo antes do espetáculo da noite, enquando esperávamos a montagem técnica do cenário, o Fauzi Arap descendo a escada do fundo do palco do Teatro João Caetano, em São Paulo, dizendo o texto de *Os Pequenos Burgueses*, de Gorki: Veneráveis Bípedes..., pura aula de interpretação, principalmente para quem não teve a oportunidade de vê-lo em cena...como eu. Outra coisa importante deste trabalho foi ter conhecido pessoalmente Ivan de Albuquerque e Rubens Correia, do Teatro Ipanema, do Rio de Janeiro. Eles também montaram o texto do Fauzi mais ou menos na mesma época. Serão sempre lembrados como pessoas especiais. Teatreiros, artistas e homens de fibra do nosso teatro pelas suas grandes realizações.

Quando terminou a temporada de *Quase 84*, estava só, sem grupo de trabalho e cansadíssimo de tantas tentativas e de desgastes. Precisava dar um tempo. Descansar. Assim sendo, fui para a Europa, viagem de merecido descanso e estudo. Foi uma oportunidade para ver espetáculos de grandes encenadores. Outra coisa dessa viagem, inesquecível, foi a convivência com Valderez de Barros e Denise Del Vecchio, com quem partilhei a experiência de viajar e conhecer o querido diretor teatral Jorge Takla – que também se encontrava por lá na mesma ocasião. Não nos conhecíamos, foi uma bela oportunidade. Ele nos recebeu em Paris, proporcionando-nos uma visão diferente de cidade.

QUASE 84 Valderez de Barros

QUASE 84 Ênio Gonçalves

QUASE 84 Paulo Pompéia, Cláudia Alencar, Rodrigo Matheus, Dulce Muniz, Seme Lutfi, Valderez de Barros, Ênio Gonçalves e Marcio Aurelio, à frente

HAMLET Celso Frateschi, Ester Góes e Chico Martins

HAMLET Taumaturgo Ferreira, Celso Frateschi, Mário Martini e Carlos Briani

HAMLET Mayara Magri

A ida até a Alemanha teve como objetivo visitar o Arquivo Brecht para estudar a sua versão radiofônica de *Hamlet*, meu próximo espetáculo. Por intermédio de Henry Thorau consegui atenção especial no arquivo e ter acesso ao fac-símile da versão de Brecht. Da Alemanha fui para Amsterdam, onde fiquei apaixonado por Rembrandt e sua visão cênica, teatralizada, da vida. Ao passar por Paris em direção à Itália, encontrei-me com Denise Del Vecchio, querida amiga. Durante a viagem, conversando sobre o projeto, vim a dividir com ela minhas dúvidas e temores. Ela sugeriu que convidasse o Celso Frateschi para fazer *Hamlet*, pois ele tinha as características que precisava, um ator com cultura e personalidade na medida em que, *Hamlet*, a peça, trata de uma poética sobre a representação social de um tempo. Este tempo era o nosso. Ela me deu a chave para abrir a primeira porta na realização do sonho. Depois vieram todos os outros que estiveram juntos nesta empreitada.

Foi uma experiência especial o trabalho de tradução com meu amigo de infância, Antonio Góes, pessoa muito sensível, com grande conhecimento da língua inglesa e disponibilidade, naquele momento, para dedicar-se totalmente ao projeto. Com este trabalho, teve a oportunidade de se aproximar da intimidade de um projeto criativo. Pena que tenha partido tão cedo.

Fazer uma peça é muito trabalho. *Hamlet* é tarefa para Hércules, começa um novo período, ou seja, a maturidade. Sempre encontro pessoas que viram o *Hamlet*. É uma peça que todo mundo vai ver. Sempre. Isto quem me disse foi o diretor Flávio Rangel.

Era uma montagem aparentemente simples, mas de extrema complexidade. Muito grande: cenários e figurinos, elenco numeroso. Técnicos, vários, nos camarins, coxias, varandas e cabines. Equipe de produção. Porém acredito ter sido importante para todos que o realizaram. E para o público também.

Os cenários de Serroni seguiam rigorosamente as indicações pedidas e dava à cena uma força no jogo poético. Construído a partir da fala *A Dinamarca é Uma Prisão*, era composto por telas e aramados de grande efeito visual. O figurino usava cores firmes e fortes, sem meios tons, e reforçava a idéia de suporte que estava no cenário pela sua luminosidade metálica., Realizara com Mario Martini, que também atuava como ator, o projeto de luz do espetáculo, de grande intensidade poética. Fazia um dos coveiros e a pantomima dos atores.

Quando terminamos de pagar a dívida da produção do espetáculo, parei de fumar. Dizia que se tínhamos conseguido pagar aquela produção, largar de fumar era nada. Era descobrir outro lado do prazer.

Nesta altura, já estávamos no meio da década. E sem alternativa. Sem perspectiva. É difícil isto no teatro. Você carrega um *elefante branco* e de repente fica só. Tudo se desmancha. Tem que se ter a coragem de ir adiante.

Foi então que realizei dois espetáculos que balizaram e nortearam o tipo de trabalho que queria fazer: de *Inimigos de Classe* e *Segundo Tiro*. Este era um espetáculo de caráter comercial. Por mais que tenha me esmerado, não o considero como uma experiência feliz; apesar de contar com cenografia do Renato Scripiliti que era uma beleza.

O *Inimigos de Classe* foi um exercício fantástico com os atores do Grupo Mambembe, em seu último espetáculo. Era uma performance sobre o abandono social, a partir do texto de Nigel Williams. O texto veio como uma luva para ser usado como metáfora sobre a condição do grupo, a de seu total abandono. Como declínio de um momento da cultura brasileira. Eram e estavam como os jovens do texto. Abandonados à espera da continuidade do aprendizado. Depois de tantos anos de trabalho e dedicação ao teatro, tiveram que buscar outra forma para continuar suas opções profissionais. O processo, entretanto, foi absolutamente importante. Começamos pela tradução do texto e sua adaptação para a cena. Apropriando-nos do discurso de cada personagem. Foi aqui onde pude de forma objetiva e vigorosa construir um espetáculo verdadeiramente físico. Toda a sua construção vinha das ações e dinâmicas exploradas fisicamente. O texto era pretexto. A oralidade dos discursos era construída dentro de grande rigor cênico. O trabalho cada vez mais elaborado a partir do aprendizado com Klaus Vianna estimulava os atores na aplicação rigorosa e sistemática com os atores, de sua metodologia.

INIMIGOS DE CLASSE Grupo Mambembe

Este foi daqueles trabalhos que nos marcam dado o grande entrosamento e intensidade de sua realização. Foi o fim para o grupo. Ficou o prazer da realização, a amizade e a solidariedade. E a sensação de ter realizado bom teatro.

Foi em decorrência do espetáculo *Inimigos de Classe* que fui convidado pelo Grupo Ponkã para realizar um dos espetáculos mais importantes de minha carreira, *Pássaro do Poente*.

Embora tenha hoje olhar crítico e restrições sobre a apresentação formal de minha dissertação de mestrado, orientado pelo professor Clóvis Garcia e baseado no processo de criação do espetáculo, acredito ter nela registro significativo sobre o processo. É importante apontar que este espetáculo abriu para mim espaço e reconhecimento, cheio de propostas e conhecimento de pessoas que se tornaram importantes não só profissionalmente, mas pessoalmente. Foi fundamental o reconhecimento por parte da crítica especializada e do público para com o espetáculo. Ganhou varios prêmios. Paulo Yutaka recebeu o prêmio de melhor ator de 1987 da Associação Paulista dos Criticos de Atre – APCA. Ele nos deixou saudosos de seu brilho, talento e generosidade. Ainda hoje quando vejo vídeos do trabalho emociona-me a profundidade de sua realização como artista.

Hamletmachine foi um presente. Imagine-se a receber um telefonema de um artista pelo qual você tem grande admiração pelas suas

PÁSSARO DO POENTE Grupo Ponkã
PÁSSARO DO POENTE Paulo Yutaka

realizações, pela personalidade marcante, convidando para fazer um espetáculo. Foi assim. Marilena Ansaldi, uma das responsáveis pela transformação da linguagem do espetáculo em São Paulo, quiçá no Brasil, dos anos 1970 para 1980, liga-me dizendo que tinha assistido ao *Pássaro do Poente* e gostado muito, queria marcar uma conversa para falar sobre o projeto.

A idéia original era trabalhar a partir de um livro de Anais Nin. A adaptação era dela, Marilena. Na primeira parte do roteiro tudo estava atrelado à obra de Anais, mas abria uma brecha que era na segunda parte, na qual interpretaria várias personagens. Pediu-me que fizesse um levantamento de personagens que admirasse e que poderiam dialogar com questões relacionadas à primeira parte. Dias depois, fui apresentar o resultado da pesquisa que fizera. Discurso final de *Leonce e Lena*, cena dos atores de *Hamlet*, *Pentesileia*, de Kleist, *Príncipe de Homburgo*, falas finais de *Nora*, de Ibsen e uma versão datilografada de *Hamletmachine*. Perguntei se conhecia, disse sinceramente que não. Ao ver aquelas poucas páginas, datilografadas, pediu que lesse para ela. Quando terminei, disse categoricamente:

– É isso.

HAMLETMACHINE Marilena Ansaldi
HAMLETMACHINE Marilena Ansaldi

Retruquei:

– Bem, tem a primeira parte e a segunda será isso?

Ela firmemente:

– Não, este é o espetáculo. Basta!

Era a primeira vez que assumia se lançar em uma proposta totalmente nova para ela. Fazer um espetáculo a partir de um texto. Sempre fazia seus espetáculos a partir de roteiros que elaborava.

Semana seguinte estávamos na sala de ensaios. Foi um dos processos mais rápidos e acidentados, entre ensaios e apresentações, pois perdemos neste período eu, o pai, e ela, a mãe.

O espetáculo falava da condição do artista no processo histórico e suas responsabilidades políticas e morais.

Cenicamente tínhamos uma verdadeira instalação onde a performer construía situações e refletia sobre sua condição. Só em seu ambiente de trabalho, manipulava os equipamentos técnicos e plásticos criando realidades e se questionando sobre elas. *Performer* assumindo o discurso em primeira pessoa e questionando-se.

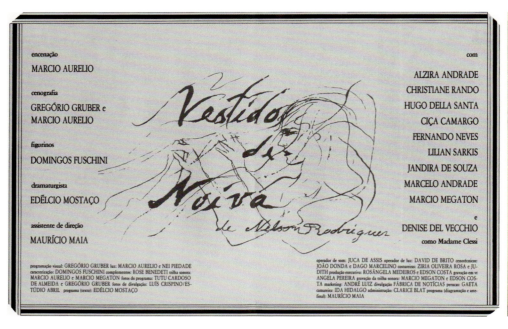

Este espetáculo foi apresentado a Heiner Müller durante sua estada no Brasil no palco do Museu de Arte de São Paulo. Depois, em conversa particular, ele nos recomendou uma montagem que nunca realizamos: *Descrição de Uma Paisagem*. Mas serviu de ponto de partida para muitas reflexões.

Fui convidado para fazer um trabalho de conclusão de curso de uma turma na EAD/USP. Estudei e apresentei a proposta de encenar *Vestido de Noiva*, projeto que foi rejeitado pelos alunos. Peguei o material e fui procurar minha turma.

Em conversa com Denise Del Vecchio e Cristiane Rando, que vinham do sucesso de *Feliz Ano Velho*, falei sobre como pensava em realizá-lo. Montamos então uma equipe de parceiros novos e antigos.

A ideia da encenação partia de outros pontos. Reconhecíamos a complexidade da obra e o peso que representa na história de nosso teatro, porém, o que tinha de novo é que mudamos o eixo da peça. Partíamos do pressuposto que a história não corria na cabeça de Alaíde, mas na de Lúcia.

Lúcia, diante do caixão da irmã morta, tem crise de consciência ao ser abordada pelo cunhado. Isto muda tudo. A história se resolve. A questão complicada, pelo fato de Alaíde morrer e a história continuar, que vinha desde a estreia da peça, deixou de existir.

O espetáculo eliminava os três planos clássicos e trabalhava em círculos concêntricos com alternâncias de tempo e espaço que se entrelaçavam. Era um belo espetáculo de teatro. Duas grandes colaborações, os figurinos de Domingos Fuschini e os cenários que foram assinados por mim e por Gregório Grüber a partir de composições em cortinas de veludo negro e luzes.

Não me esquecerei do prazer de ver um dos críticos mais importantes de nosso teatro, professor Décio de Almeida Prado, na nossa plateia e nos aplaudindo, ele ia raramente ao teatro. Isto foi daquelas proezas que só Cristiane Rando é capaz, dada sua intimidade com ele.

VESTIDO DE NOIVA

programa do espetáculo
cartaz do espetáculo
Denise Del Vecchio

ERAS – FILOCTETES/HORÁCIO/MAUSER:

Foi construído a partir dos textos de Heiner Muller. A junção dos três textos de Heiner Muller propunha uma reflexão sobre a história da guerra no ocidente. Uma grande instalação projetada por mim e pelo Maurício Maia, na área de convivência do SESC/Pompéia, recebia o espetáculo.

Espetáculo difícil, tematicamente, tecnicamente. Mas foi trabalhando nele que reaprendi a pensar em diferentes princípios da organização autônoma do espetáculo. Pensar um espetáculo envolve muitas intersecções, difícil é dar consistência a tantas formas e conteúdos. Essa é uma prática que exige outro tipo de rigor. Este teatro – há outros, é claro – tem compromisso de outra ordem, tanto no sentido estético como ético. A busca de autonomia para a linguagem exige passaporte aprovado depois de muitas reflexões e opções. O tratamento do assunto ou dos assuntos de ordem reflexiva estão obviamente comprometidos com outro tipo de projeto de cena. Os textos usados retomavam a idéia de um teatro didático, pós-moderno. Em que nicho colocar esta criação? Cultural, político, formal? Ruptura? Carreira meteórica que traz saudade de tão profunda, bela e importante realização.

Fundamental para mim foi a aproximação de Cibele Forjaz, que vinha como estagiária, saindo da universidade, para essa experiência que fortalece nossa amizade até hoje. Como ela diz, esta experiência foi o esclarecimento para sua opção profissional.

A luz do espetáculo foi realizada por ela, início também de uma carreira muito importante hoje para o teatro e pelo Maurício Maia que continua

FILOCTETES Celso Frateschi
ERAS Celso Frateschi e elenco do espetáculo

E R A S

filoctetes   horácio   mauser

de heiner müller

ERAS cena do espetáculo
MAUSER cena do espetáculo

sendo o amigo e intelectual de primeira. Suas reflexões são sempre precisas. E claras. Mas teatro, só como espectador. Como o vírus do teatro é poderoso acredito em seu breve retorno, pois é grande colaborador.

Um dia, Alcides Nogueira me convida para leitura de um texto novo que escrevera. Ele retomava o tema da Modernidade, a partir de Joyce. *Opera Joyce* era um texto para ser realizado por Miguel Magno, João Carlos Couto e Cida Moreyra. Como Cida não pôde fazer, por sugestão de Celso Curi, convidamos Vera Holtz, que abrilhantou o espetáculo com sua jovialidade e força cênica. Primeiro fizemos temporada no Espaço Off, depois no Assobradado do TBC, na Laura Alvim no Rio,

OPERA JOYCE
João Carlos Couto e Vera Holtz
Vera Holtz
Miguel Magno e Vera Holtz
Miguel Magno

e depois muitas viagens. Este é daqueles espetáculos de que sinto saudades, pelo lúdico e pela saudável brincadeira de faz-de-conta na reinvenção da realidade com a ficção, especialidade de Alcides.

Cena construída de contrastes de uma secura e objetividade conseguidas pelos recortes da luz e marcações cênicas. Muita fumaça criava o ambiente onírico que a cena pedia. Como o Espaço Off tinha uma coluna no meio da cena, criei um entorno, com rampa e escada que emolduravam o piano construído, como uma dessas caixas de ver a meteorologia, onde os bonecos entram ou saem de casa de acordo com o tempo. Ou mais simplesmente caixinha de música com bailarinos que dançam rodando mecanicamente. Poesia. Mecânica. Modernidade.

Os anos 1980 se fecham com duas encenações para mim muito marcantes, porque tive a oportunidade de trabalhar com dois ícones do teatro brasileiro.

Temos Que Desfazer a Casa, para a Companhia Maria Della Costa e Sandro Polloni. Foi o último espetáculo da companhia e Maria dividia a cena com a querida Maria Luiza Castelli. Era como se fosse o acerto de contas metafórico que fazia uma espécie de despedida melancólica do espólio de um tempo do teatro. Foram deliciosos os ensaios. Maria e Sandro juntos eram uma delícia. E o carinho com o trabalho e com a equipe. Maria, de uma dedicação inacreditável. Jogava-se no trabalho com vigor e beleza que não dá para contar, só lembrar. Outros tempos. Outro teatro.

Esta Valsa É Minha realizei com e para Tônia Carrero. Indicação de Edla van Steen, pois eu e Tônia não nos conhecíamos pessoalmente. Era o adeus à loucura desenfreada dos anos de ouro. Tinha em Zelda Fitzgerald era como o fim de um tempo onde o *glamour* não suportava mais mudança, e transformação do tempo de uma cabeça vinda do interior para a grande cidade. Trabalhamos a partir da tradução realizada por Lia Luft e praticamente recriamos o texto tomando-o como roteiro. Tônia é impressionante no trabalho com o texto. Neste sentido, o livro de Zelda foi muito importante. Aquele que era um monólogo passou a ser a composição poética do universo da loucura da protagonista, sendo visitada pela bailarina que desejou ser e por Scott que foi sempre sua referência no mundo. Mesmo na loucura. Como salamandra, queimou-se nas chamas de seu hospital. O cenário de Filipe Crescenti era, como sempre, muito sofisticado em sua simplicidade e limpeza. Transformamos, a partir daquele texto que nos parecia realista demais para a loucura da personagem, em seu delírio poético de forma a reinventá-lo, naquilo que era obscuro. Isto tudo brilhantemente iluminado por Cibele Forjaz e sonorizado por Paulo Tatit e Sandra Perez.

A oportunidade e o reconhecimento pelo convite feito por estas duas propostas serviram para coroar o ciclo. O diálogo criativo pode e deve ser estimulado e trocado, ganhando assim o teatro.

ESTA VALSA É MINHA, Tônia Carrero

MAUSER ECA, elenco da peça

Capítulo X

OS ANOS 1990 PARA A VIRADA – UMA NOVA COMPANHIA TEATRAL

Nos anos 1990 tudo ganhava em crescimento e expressão. O volume de produções que se sucedeu é inacreditável até para mim mesmo, olhando agora no tempo.

Muitas eram as opções, a começar pelo trabalho que desenvolvia na Universidade. Deixei o Departamento de Teatro da ECA/USP para ficar no Departamento de Artes Cênicas do Instituto de Artes de Unicamp. Importante apontar que ainda na ECA realizei alguns espetáculos que marcaram formação de jovens artistas, pela qualidade e radicalidade. Não poderia deixar de apontar *A Missão* e *Mauser*, de H. Müller, assim como o *Ensaio Comédia*, a partir da *Comédia Dos Erros*, espetáculo totalmente improvisado, como *lazzi* de Commédia Del Arte. Este trabalho vai servir de base para a montagem que farei depois de a *Comédia Dos Erros* para a Companhia Razões Inversas.

O último trabalho com os alunos da ECA, do curso de interpretação, intitulava-se *Questão 0 (Zero),* a partir da ideia de abandono, e tinha como proposta a reorganização temática de materiais dramáticos e não dramáticos, como por exemplo, *Yerma*, de Lorca, *Ofélia* de Hamlet, poemas de Yeats e músicas populares de caráter romântico como *Mona Lisa*.

COMPANHIA RAZÕES INVERSAS

O relato que segue toma como eixo do período o trabalho com a companhia, entretanto, ao longo irei fazendo o entrelaçamento de outras produções que realizei nessa mesma época. Desta forma, pode-se ter um confronto das experiências durante o período.

Com alunos da primeira turma de formandos do Departamento de Artes Cênicas da Unicamp aconteceu a criação da Companhia Razões Inversas. Sou seu diretor artístico desde sua criação, em 1989/1990. Temos como foco principal a encenação de grandes autores no sentido de pensar o diálogo com a contemporaneidade. Isto pode ser avaliado pelo tipo de repertório que temos proporcionado ao público com nossas encenações.

Os três primeiros trabalhos realizados com a Companhia serviram de base para a tese de doutorado que, orientado pela Professora Célia Berretini, defendi na ECA/USP sob o título *O Encenador Como Dramaturgo – A Escrita Poética do Espetáculo*. Defendo a ideia de que é fundamental a criação de uma base comum para a construção da linguagem e a renovação da mesma na construção do espetáculo.

Como o próprio nome aponta, Razões Inversas, ou seja, preservando as características individuais e promovendo o embate das diferenças culturais e sociais na visão dos participantes da construção do espetáculo. Do embate, vamos chegar ao denominador comum, pleno de todas as contradições que o compõem. Partimos do pressuposto que o núcleo que forma a base para a construção do espetáculo é um organismo social em transformação. O estabelecimento do diálogo abre a visão da obra. A retórica cênica é construída a partir da inteligência e na qual aparece a sensibilidade, como expressão, ganha o público com a poesia da cena. A subjetividade poética.

O trabalho inicial foi ganhando vários contornos durante estes anos todos, chegando a formas originais em cada espetáculo pela autonomia do discurso – assim como pelas colaborações tão específicas em cada um deles. Entretanto, embora partindo de textos considerados clássicos, a escrita de novo texto se faz na cena, e esta prática se mantém ao longo de todo o período de produções.

A leitura e desconstrução do texto original para seleção do material a ser utilizado é prática que temos adotado. O conceito de material e as maneiras de abordá-lo é que interessam. Isto muda radicalmente a qualidade e a idéia de espontaneidade. A técnica entra então como primordial no trabalho do ator e na elaboração da cena. A espontaneidade aparece na relação do ator com o encantamento do público diante do apresentado. O ator, assim como no futebol, tem que ter a técnica e as estratégias para atingir plenamente suas jogadas. A confiança nas armações do jogo é que deve provocar coletivamente o prazer na participação da ação espetacular. Temos trabalhado estes anos todos e temos, *pari passu*, tido êxito com nossas empreitadas. As possíveis perdas ficam por conta das jogadas. Faz parte do jogo! A Compahia Razões Inversas como os demais coletivos passam por crises, o que hoje nos parece saudável, pois abre a estrutura proporcionando a renovação. Hoje somos três – os atores Paulo Marcello, João Carlos Andreazza e eu, formando um nucleo de estudo e produção. Os outros migram realizar outras experiências e voltam, a nosso convite, para projetos específicos. Definimos, desde o princípio, que a companhia é o espaço de criação cênica no qual podemos experimentar e produzir teatro numa busca de diálogo com público contemporâneo.

VEM, SENTA AQUI AO MEU LADO elenco da peça;
primeiro espetáculo da Cia. Razões Inversas

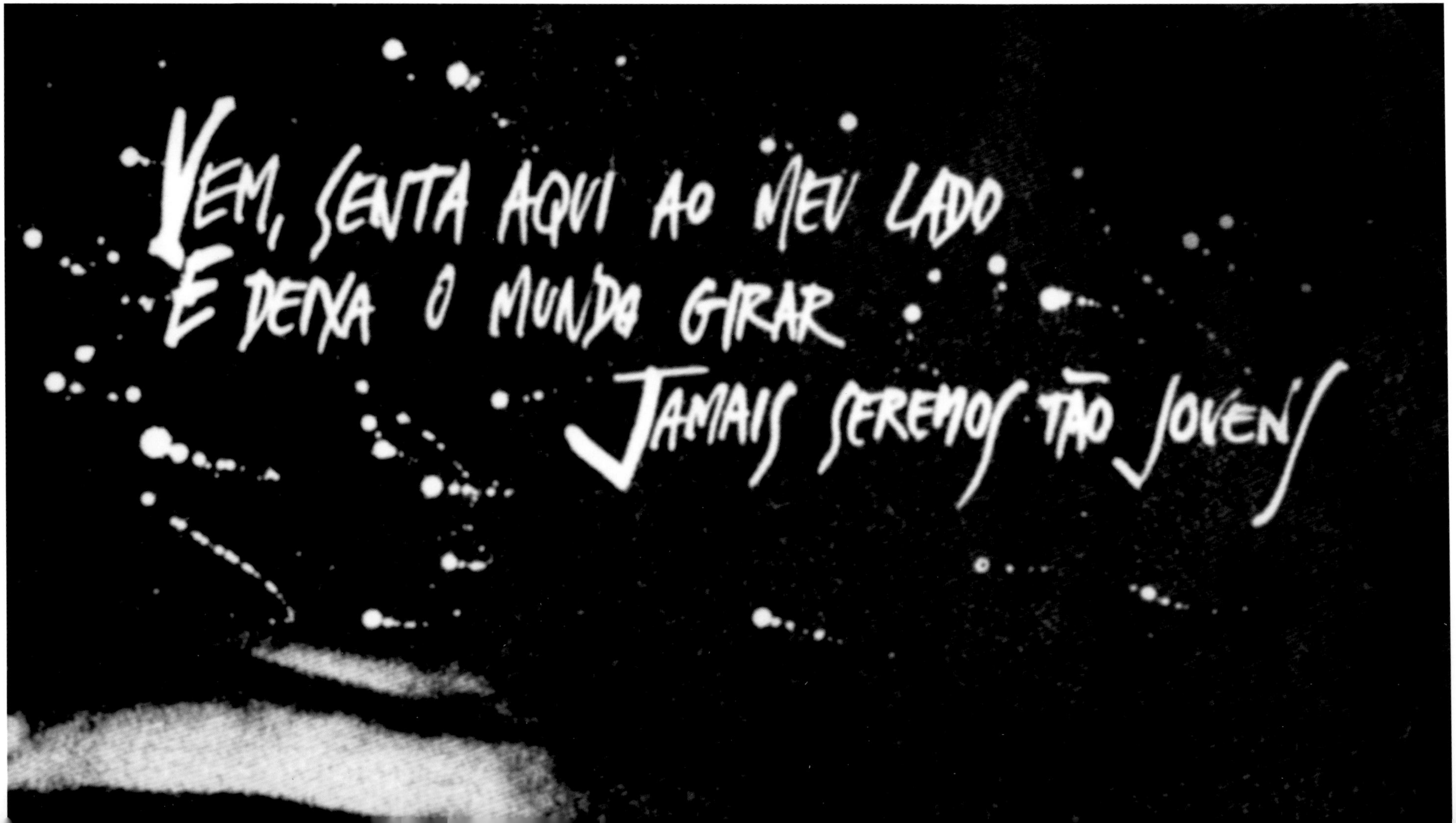

Vem, senta aqui ao meu lado
É pensa o mundo girar
Jamais seremos tão jovens

TEATRO CULTURA ARTÍSTICA
Sala Rubens Sverner
R. Nestor Pestana, 196
F: 256-0223
de quarta a sábado às 21:00 hs
domingo às 19:00

VEM... SENTA AQUI AO MEU LADO E DEIXA O MUNDO GIRAR: JAMAIS SEREMOS TÃO JOVENS (RAZÕES INVERSAS/1990)

Este era o título do primeiro espetáculo da Companhia. Foi tirado da última fala do prólogo de *A Megera Domada*, de Shakespeare.

O espetáculo nasceu de um exercício feito ainda no penúltimo semestre do curso de interpretação, cujo o programa tinha como propósito a revisão de Stanislavski e sua proposta sobre as ações físicas. Para tanto, foi tomado como base para o trabalho o texto de Tenessee Williams, *Fala Comigo Como a Chuva. E me Deixa Ouvir*. A partir desta etapa, uma parte da turma foi para outra montagem final e os que sobraram, sete mulheres e três homens, optaram por continuar o trabalho a partir do exercício anterior. Processo dos mais criativos, acabou servindo de patamar para espetáculo extremamente autoral e no qual se planta as bases da construção estética dessa nova companhia.

Quando o público entrava na sala de espetáculo o palco, caixa-preta, estava aberto e na boca de cena, um latão de boca para baixo com um telefone antigo sobre ele. Quando dava o terceiro sinal, ouvia-se a música *Yellow Rouses of Texas* e durante toda a execução acontecia

VEM...SENTA AQUI AO MEU LADO
Paulo Marcello e Cristina Bueno
COMÉDIA DOS ERROS,
cartaz do espetáculo

um movimento de subir completamente a luz de cena, mostrando-a vazia e um telefone mudo. Ao cair da luz ia-se ao *black-out*. Quando as luzes voltavam, via-se no fundo da cena um grande painel para fixação de *outdoor*, e lentamente a cena ia se fazendo com jovens que se confrontavam em jogos juvenis. Perdiam-se em viagens cheias de desejo e alucinógenas num jogo de bricabraque poético, terminando em corpos abandonados na chuva que caía torrencialmente em todo o palco ao som de *My Way*, com Tom Wayths.

COMÉDIA DOS ERROS (RAZÕES INVERSAS /1991)

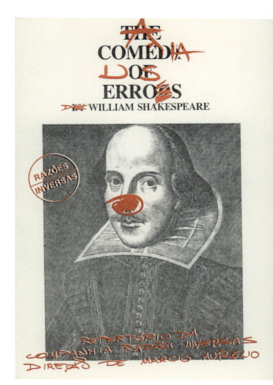

Durante a segunda temporada em São Paulo do *VEM...*, alguns atores foram substituídos servindo assim para a entrada de novos colaboradores. Entre eles, vieram dois que tinham participado na ECA/USP do *Ensaio Comédia:* Leonardo Medeiros e Adalberto da Palma. Trouxeram a vontade de retomar o trabalho e colaborar com o atual grupo compartilhando a experiência anterior.

A proposta da encenação era refazer a *Comédia* de Shakespeare a partir de suas matrizes em Plauto e Terêncio. O espetáculo acontecia em espaços convencionais, mas quebrava sua geografia pela inserção de cinco plataformas distribuídas pelo palco e plateia, provocando assim uma participação do público no jogo da cena.

Todos os atores usavam o mesmo figurino. Dessa forma, qualquer ator podia apresentar qualquer personagem e recursos fáceis eram usados como codificação das personagens para que pudessem ser identificados pela plateia. Assim, em vez da simples identificação dos gêmeos pelos seus erros, passava-se a buscar a identificação das personagens num jogo de erros. Deixava de ser uma comédia dos erros para ser uma comédia de erros.

Foi uma experiência muito tumultuada, pois apesar do sucesso da primeira temporada, o erro logístico da segunda trouxe praticamente o fim da companhia.

O primeiro exercício sobre foco cênico foi desenvolvido internamente como procedimento para construção narrativa do espetáculo. Foi neste espetáculo que criamos nosso método de treinamento a partir do foco e campo de visão que posteriormente foi reelaborado ao longo de nossas experiências nos novos espetáculos que foram se sucedendo. Este trabalho vai posteriormente ser ampliado e transformado. Dele resultou a dissertação de mestrado defendida na Unicamp pelo ator e diretor que atuou na Companhia Razões Inversas, Marcelo Lazzaratto, juntamente com o elenco da companhia por ele criada chamada Elevador Panorâmico.

XAWARA

Recebo convite para trabalhar com o Grupo Munganga em Amsterdã, sede do grupo. Baseado nas lendas dos Ianomâmis, Carlos Lagoeiro construiu um texto extremamente poético. Nele pode-se ver o embate entre natureza e cultura. Foi uma experiência marcante trabalhar em várias línguas. Essa experiêncica serviu como amadurecimento para trabalhos coletivos que viria a realizar mais tarde. Este foi daqueles trabalhos que gostei de fazer mas, por motivo profissional , tive que voltar imediatamente para o Brasil pois no dia seguinte estava marcado meu concurso como professor no Instituto de Artes , Departamento de Artes Cênicas da Unicamp.

COMÉDIA DOS ERROS Cena do espetáculo
XAWARA
convite do espetáculo
COMÉDIA DOS ERROS Cena do espetáculo

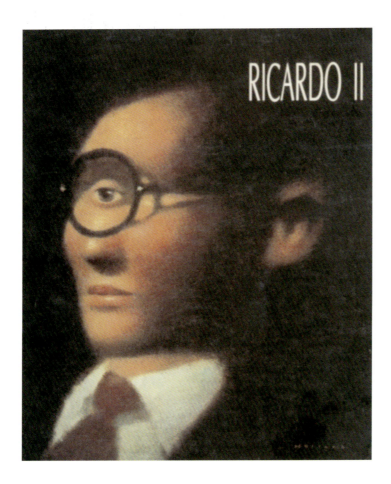

RICARDO II (RAZÕES INVERSAS / 1992)

A situação política e histórica determinou a escolha do novo espetáculo. O que mudava no novo projeto de encenação era uma atitude diante do fato narrado. Se no espetáculo anterior *Comédia dos Erros* qualquer um podia representar a personagem a partir de um jogo, agora era importante que cada personagem fosse identificada em seu percurso e identificadas suas ações e responsabilidades dentro de um processo histórico. Quem são os personagens e os assassinos.

O palco foi totalmente aberto. O piso do palco sofreu tratamento especial. Era o espaço aberto para a história a ser narrada. Todos os atores usavam ternos, e sob o paletó um peito de armadura de chumbo. Gola renascentista. Luvas brancas. Todos. Como que materializando uma das falas da peça – *Esses Homens de Coração e Peitos de Aço.*

A mudança da idéia de tempo era dada pela volta do personagem Henrique, da França para a Inglaterra, onde sutilmente podia-se ver a transformação pelo uso da gravata em vez das golas renascentistas. Novo tempo, novo estilo. As personagens ao longo da narrativa da peça iam caindo mortas no chão do palco e ao final tinha-se praticamente todo o palco coberto de corpos mortos. Quantos morrem num processo de transformação histórico-político? Esta era a cena.

RICARDO II Leonardo Medeiros e Débora Duboc

A BILHA QUEBRADA (RAZÕES INVERSAS/1993)

Sempre fui encantado por essa peça de Kleist e também pelas histórias decorrentes dela. Tragédia ou comédia? Foram muitos anos de trabalho apresentando este espetáculo, que serviu como matriz na qual o elenco pôde ser substituído várias vezes reciclando nossas relações. Este trabalho serviu como suporte e sustentação de um coletivo (durante vários anos) se entremeando nos espetáculos posteriores e possibilitando sua continuidade. A cena do tribunal servia de paródia para nos referirmos à adoção da nova Constituição brasileira que se discutia na ocasião. O próprio texto paródia da tragédia de *Édipo*, o juiz que se persegue a si mesmo. Ou então a moralizante queda de Adão. Foi um belo exercício risível sobre o realismo.

A BILHA QUEBRADA cenário do espetáculo, desenho de Marcio Aurelio
A BILHA QUEBRADA Monica Sucupira
A BILHA QUEBRADA Luah Guimarães e Leonardo Medeiros

A BILHA QUEBRADA figurino do espetáculo, desenhos de Marcio Aurelio

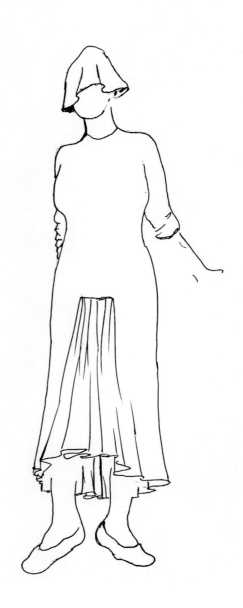

PEÇA CORAÇÃO (RAZÕES INVERSAS/1993)

Foi apresentada duas vezes como performance em eventos específicos. Exercício extremamente rico onde todos tiveram participação efetiva na concepção e realização. Como princípio, tomamos o texto de Muller como títulos provocadores para a criação das cenas que se enfeixariam num espetáculo. Foi também uma prática que remontava o *Vem...*, e assim retomávamos alguns procedimentos de nosso aprendizado, agora experimentado com outros atores. Servia de reciclagem interna sobre o nosso processo criativo.

PEÇA CORAÇÃO, cenas do espetáculo

AS TRAÇAS DA PAIXÃO

O jogo amoroso, como tema, servia de base para marcar o reencontro de diferentes máscaras e situações para as duas personagens. Cenicamente, as personagens se provocavam uma a outra, repaginadas em cada novo *round* na expectativa de superar as atrocidades do cotidiano. Era um espetáculo divertido para o público, embora cruel com as personagens. Um melodrama repaginado no qual contei com dois artistas de grande talento, Valderez de Barros e Cláudio Fontana.

Adorei voltar a fazer a cenografia e a luz. Foi importante a conjunção de outros participantes colaborando e acrecentando. Como esquecer o trabalho da Vivian Buckup cuidando das ações dos atores na criação da dramaturgia dos movimentos, colocando a Valderez de Barros dançando nas pontas como pedia o texto. Leda Senise vestindo as personagens com traços originais explorou os limites auxiliando os atores na sua criação. Foi o fim da presença entre nós do João Candido Galvão que sempre passava pela sala de ensaios para nos dar força.

TRAÇAS DA PAIXÃO
Valderez de Barros e Cláudio Fontana

TRAÇAS DA PAIXÃO
Valderez de Barros e Cláudio Fontana

CRUZADA DAS CRIANÇAS (RAZÕES INVERSAS / 1994)

Não chegou a ser um espetáculo, foi muito mais um processo. Começamos a trabalhar a partir do texto de Celso Alves Cruz. A partir dele retornamos à fábula medieval, e com o poema de Brecht. Acabamos ficando com o trecho de uma carta de um garoto da Febem (atual Fundação Casa), o relato coletado de uma adolescente e apresentado num catálogo de exposição do Sesc Pompéia feita por Lina Bo Bardi. Apresentamos em alguns lugares como performances. Eram relatos que se processavam em blocos separados por coreografia de *street dance*. Tivemos a oportunidade de viajar pelo interior do Estado apresentando-o como *workshop* da companhia. Foi experiência importantíssima. Chegamos à conclusão que era material interno de trabalho. Ainda não se configurava como espetáculo. Concluímos também que não tínhamos estrutura econômica necessária para a finalização técnica do espetáculo que haviamos concebido. Crise! Alguns permaneceram para o próximo espetáculo e refletir sobre a nossa situação e a do teatro, na relação direta com a produção artística.

O BEIJO

Ariclê Perez é daquelas pessoas que não se esquece. Sempre que podia vinha ver as estreias dos espetáculos que realizei e, depois, quando vinha para os cumprimentos dizia: ainda vamos trabalhar juntos. E assim foi! Criamos *O Beijo*, a partir de um trecho de *No Caminho de Swann* e de *Em Busca do Tempo Perdido*, de Marcel Proust. Foi um espetáculo impactante em todos os sentidos. Participou também da construção o maestro Júlio Medaglia, compondo a trilha sonora que era executada ao vivo por um quarteto. Pontuava o espetáculo, sublinhando passagens diáfanas que lembrava Debussy. Ariclê realizava o espetáculo numa bela performance física e espiritual. O resto, como dizia Proust: *o edifício imenso da recordação.*

TORQUATO TASSO (RAZÕES INVERSAS / 1995)

Saímos da experiência anterior muito enfraquecidos. Não tínhamos como em outras situações uma comédia no bolso do colete para montarmos. Foi quando propus enfrentarmos, então, um grande texto. Foi nesta circunstância que a obra de Goethe ganhou vulto. Já havíamos namorado com ele no *Fausto* (Primeira Parte), como exercício interno de criatividade. Agora, era principalmente um texto com o mesmo número de personagens, cinco, correspondendo ao número de atores que permaneceu na companhia.

Construímos o espetáculo baseando-nos na mesma dinâmica de processos anteriores. Primeiro passo, traduzir. O texto foi dividido por número de páginas em seis blocos e cada um, na língua que conhecia, tomava o material para trabalhar. Durante a montagem, em cena, foi se construindo o novo texto. A cena determina os cortes e opções e todos colaborando para chegar a um produto final coletivamente. Servia para nos apropriarmos do material. Paralelamente, avançamos em abordagens teóricas para melhor dialogar com a obra.

A encenação partia de uma ideia muito simples. Era um núcleo encerrado num espaço e que se autorrepresentava. Universo fechado da burguesia

autorreferente. Se o pedestal servia para manter o busto de Ariosto e Virgílio, grandes poetas celebrados como cantores da poesia de seus tempos, internamente, no espaço da cena, o monitor televisivo servia como suporte para obra em processo do mundo circunscrito a que precisa se assistir por não reconhecer outras necessidades além daquelas, decadentes, criadas por eles mesmos.

Interessava a questão da propriedade da obra. Quem cria e quem é o dono.

O espetáculo era elegante, contando com figurinos lindamente concebidos por Leda Senise e executados magistralmente pela fiel costureira Zezé.

A luz, juntamente com o cenário, estava dentro dos bons trabalhos que realizei. Gostei muito, pois chegava a uma espécie de síntese.

Estreamos no Festival da Venezuela. Foi um grande sucesso. Lá. Por aqui, Alberto Guzik aplaudiu em sua crítica, como reconhecimento de nosso crescimento.

TORQUATO TASSO Paulo Marcello

TORQUATO TASSO
Luah Guimarães e Paulo Marcello
Luah Guimarães e Paulo Marcello
Joca Andreazza
Luah Guimarães

GERTRUDE STEIN, ALICE B. TOKLAS, PABLO PICASSO

Ao chegar em casa recebo o recado que o diretor Antonio Abujamra precisava falar comigo. Prontamente dei o retorno. Surpresa! Estava ele criando o espetáculo a partir do texto de Alcides Nogueira, *Gertrud Stein*. Faziam parte do espetáculo Nicete Bruno, Clarisse Abujamra e Francarlos Reis. Já tinham data para estreia. A produção caminhava a velas soltas e o Abujamra recebera convite para outro trabalho....na Argentina. Fui para o local onde ensaiavam. Vi o quanto já tinham caminhado e me dispus a acabar o espetáculo a partir da proposta dele. Fiquei encantado pelo processo. Muito claro. Tinha total liberdade de mexer desde que preservasse a estrutura. Nicete foi encantadora e Clarisse e Francarlos queridos. Jogavam-se no trabalho e colaboravam em tudo. Companheiros, colaboradores realmente estavam para o que desse e visse. Hoje lembro feliz da realização. As marcações eram desenhadas com rigor. Eram linhas, pontos, cubista. O texto era apresentado de forma mecânica. Moderno, articulava-se mais pela sonoridade para forjar novas ideias, do que pelo real sentido dos vocábulos agrupados em ideias pré-estabelecidas. Enfim, levava em conta a poética Steiniana para a base da construção. Ritmos, dinâmicas, acentos, tudo com intensidade. Uma rosa...

GERTRUDE STEIN...
Clarisse Abujamra
Nicette Bruno
cenário do espetáculo
Francarlos Reis
Nicette Bruno
Francarlos Reis e Nicette Bruno

BODAS NA MANGUEIRA, cenas do espetáculo

FRANCISCO

O texto *Francisco* de Thiago Santiago foi a primeira produção carioca de Eduardo Barata, reconhecido e renomado pelos trabalhos que realiza. Produção impecável. Neste trabalho vim a conhecer os atores Eduardo Moscovis e Bianca Byington, protagonistas absolutos e amadas criaturas. O espetáculo era muito bem desenhado no espaço inspirado nos afrescos de Frei Angelico.

EM NOME DO PAI

Mauricio Machado é daquelas pessoas que comumente se diz que são do ramo. Ator, produtor, está sempre *intrigantemente* comprometido com algum projeto. Para ele criei o espetáculo baseado no texto de Alcione Araujo, *Em Nome do Pai*. Curioso, o texto na sua organização dramatúrgica. O texto aberto possibilitando várias maneiras de representá-lo.

BODAS NA MANGUEIRA (RAZÕES INVERSAS/1995)

Performance a partir de *Bodas de Sangue*, construída para ser apresentada como metodologia de trabalho para o Festival da Venezuela. Voltava a ideia de aqualouco, com seus maiôs listrados de *A Comédia dos Erros*. Todos iguais. Narrativas que mostram a tragicidade pela ignorância. O samba de Noel Rosa, composto na mesma época da peça de Lorca, se cruzava em materiais iguais tematicamente. A poesia era a articulação de novo texto. Cênico.

IFIGÊNIA

Leitura dramática realizada para Mostra de Dramaturgia Contemporânea – Sesi/SP. O texto de Sérgio Salvia, de grande erudição, pedia pela cena. Quando as personagens se instalam é inevitável a catarse pela identificação da trama com a contemporaneidade. Experiência extremamente rica a de trabalhar com Sérgio na revisão de seu texto. Gosto de sua dramaturgia e das opções nada facilitadas que faz. Bom é acompanhá-lo em seu raciocínio sempre refinado também na vida do dia a dia.

SENHORITA ELSE (RAZÕES INVERSAS/1997)

Foi originalmente criado para duas atrizes, mas acabou sendo completamente transformado interna e externamente. Tínhamos que superar a crise de identidade do grupo e acabamos experimentando várias alternativas de linguagem, o que me realizava plenamente levando em conta a potência na comunicação e o salto artístico que alcançamos. Estreamos no festival de teatro de Curitiba, ao qual devemos a possibilidade de concretização facilitada pelo apoio logístico. Foi também um espetáculo em processo, pois a cada nova temporada revia-se toda a sua estrutura e reorganização dramatúrgica. Construía-se uma dramaturgia na cena. A cena se esclarecia. O texto de Schnitzler, contemporâneo de Freud que o considerava um gênio, possibilitou a criação de espetáculo dos mais criativos da companhia. Schnitzler, embora também médico, construía as personagens artísticamente e cenicamente claras. Seu contemporâneo, Freud, pela psicanálise, também buscava o mesmo cientificamente. Personagens em crises eram reveladas cenicamente na escuridão da mente social e nos traumas burgueses, dos palcos vienenses no fim do século 19. A histeria e a desconstrução da heroína burguesa. Este espetáculo foi muito premiado. Por esse trabalho, recebi o Prêmio AICT (Associação Internacional de Críticos de Teatro) como *Melhor Divulgador do Brasil no Exterior*.

SENHORITA ELSE elenco do espetáculo
capa do jornal Notícias Populares
Marcelo Lazaratto
cena do espetáculo
Newton Moreno e Debora Duboc

SENHORITA ELSE Débora Duboc e Marcelo Lazzaratto

Sérgio Módena, Pepita Plata, Débora Duboc e Paulo Marcello

Newton Moreno e Débora Duboc

Eucyr de Souza, Débora Duboc e Newton Moreno

O MALIGNO BAAL – O ASSOCIAL (RAZÕES INVERSAS / 1998)

A convite do Sesc, num evento realizado juntamente com o Instituto Goethe de São Paulo, a Companhia Razões Inversas participou das comemorações de 100 anos do nascimento de Brecht. Participamos com o espetáculo *Maligno Baal – O Associal*.

A partir de nosso convite, Ingrid Koudela realizou tradução primorosa dos fragmentos de Brecht.

O processo não poderia ser fácil diante da empreitada. A pedagogia implica aprendizado de outra atitude na apresentação dos argumentos.

Os atores tinham muita dificuldade no tratamento do material. Polêmicas. Como construir cena? Descobrimos que antes de criar cena é preciso pensar as diferenças e contrastes sociais. Depois, apresentá-los em suas variáveis. Da contradição constatada segue-se o embate. Não há solução realizável, mas provocação. Contraste maior se dá entre os dois blocos do material, primeira parte sociedade capitalista, segunda parte sociedade comunista. Resta o poeta despedido recebendo cartão azul quando ele se pergunta sobre o seu papel social como poeta. São fragmentos, mas neles pode-se aprender o melhor com Brecht.

O espetáculo acontecia cenograficamente como numa faixa de segurança de trânsito. O público sentava-se em arquibancadas colocadas uma na frente da outra e no meio a passagem que era usada pelos atores. Trânsito, zona de perigo pelo abuso das regras sociais. Os atores colocavam-se como tribo no confronto e apresentação das cenas como questões a serem discutidas. É considerada a primeira montagem destes fragmentos de Brecht.

MALIGNO BAAL cenas do espetáculo

BEIJO NO ASFALTO

Voltava a me reencontrar com Ismael Ivo, que na ocasião dirigia a Companhia de Dança Teatro do Deustsch National Theater – Weimar, quando de sua turnê pelo Brasil. Por convite seu e do intendente do teatro criamos na cidade de Weimar nossa versão de *Küss im Ringstein, Beijo no asfalto*. Processo intenso onde pude trabalhar a partir das ações físicas reconstruindo dramaturgia cênica da narrativa de Nelson Rodrigues. Cenicamente utilizava um performer que passava pela cena lendo, de tempos em tempo, *As Regras Para Os Atores* de Goethe, tentando compreender como adequar as regras à realidade social construída e apresentada durante todo o espetáculo. O contraste reforçava o caráter crítico do discurso da cena. Foi um sucesso de três anos no repertorio da Companhia. Neste espetáculo também vou reencontrar Mara Borba e Ricardo Viviane, que dançavam na companhia. A eles devo muito pelas realizações lá conseguidas. A cenografia apresentava um casario como vilas internas, de cortiço, onde a ação se desenvolvia com pequenas alterações de luz e elementos cênicos. O golpe cênico era a parede do fundo do cenário que se deslocava completamente para frente, estreitando a cada cena o espaço da ação. Na última cena, como que atropelando, jogava o corpo de Arandir no proscênio somado ao som ensurdecedor da freada de automóvel. Ele mesmo atropelado, tragicamente, pela sua ação. Como o elenco era composto de pessoas de várias partes do mundo, dava uma cara da miscigenação brasileira e unidade necessária ao contraste social pedido. A reconstrução cênica levava em consideração elementos de outras peças de Nelson como *Vestido de Noiva* e *Senhora dos Afogados* entre outras.

BEIJO NO ASFALTO Ismael Ivo e Ricarda Derre

BEIJO NO ASFALTO
Ismael Ivo e elenco do espetáculo
cena do espetáculo
Teatro Nacional de Weimar, estátuas de Schiller e Goethe

A ARTE DA COMÉDIA (RAZÕES INVERSAS / 1999)

Sempre fui apaixonado pelo texto de Edoardo Di Filippo. Propus como continuidade de nosso trabalho e infelizmente, embora tão belo e bem realizado, não rendeu mais do que uma temporada na sala pequena do Teatro Alpha. Alem do prazer de realizá-lo, ficou o Prêmio Shell de melhor ator para o querido Walter Breda, que fora um dos convidados para participar do espetáculo, Prêmio, para mim, mais que merecido, por ele ser um dos melhores atores de sua geração. A realidade mostrava novas dificuldades internas para a manutenção do trabalho artístico. Aprofundava-se a discussão colocada em *Tasso* sobre a responsabilidade do artista para com sua produção. Solucionar os problemas pessoais e atender às necessidades básicas era a condição para a continuidade do trabalho. Isto nos obrigava assumir novas condutas diante da realidade. Abandonar o barco...

A ARTE DA COMÉDIA
Marcelo Lazzaratto e Paulo Marcello
Newton Moreno, Marcelo Andrade, Marcelo Lazzarotto e Walter Breda

A ARTE DA COMÉDIA
Fernando Neves e Marcelo Lazzarotto
Marcelo Lazzarotto e Debora Duboc
elenco da peça

CARMEN

Minha primeira experiência no mundo da ópera. A ópera de Bizet é um convite irrecusável. Foi um convite do saudoso Nino Amato, que dirigia o Teatro Municipal de São Paulo na época. Entre Berlim, Weimar e São Paulo, construí um espetáculo de grande beleza. Leda Senise e Felipe Crescenti foram os parceiros e *engalanadores* desta festa de amor e morte.

CARMEN cenas do espetáculo

147

CARMEN cena do espetáculo e camarim

ALGO EM COMUM

O reencontro com Petrônio Gontijo e Clarisse Abujamra no palco foi muito estimulante. Instigante. Química perfeita. Desde a primeira leitura tudo deu certo, a intenção, o timbre, o ritmo. Este foi um daqueles espetáculos que chamo de utilidade pública. Corajosos os produtores pela empreitada. O assunto era delicado, AIDS. As pessoas saíam chorando do teatro, diziam-se comovidas com os atores, e não era para menos, pois davam banho de interpretação. O cenário de Scripiliti era arquitetonicamente belo e proporcionava um ambiente ideal para o espetáculo.

MEPHISTO

Este foi meu segundo espetáculo realizado em Weimar. Uma verdadeira honra. Foi como vencer uma Copa do Mundo, pois não é todo dia que se é convidado para criar um espetáculo como este. Fez parte da agenda oficial das comemorações de 250 anos de Goethe, apresentado no teatro onde ele criou o teatro nacional alemão. Trabalho extremamente arrojado pela reorganização cênica do material dramatúrgico. Interessavam-me duas vertentes temáticas, o tempo e o feminino. A cena era um campo fechado que impossibilitava a saída. Para sair, o corpo devia lançar-se fora desse útero. A abertura era a descida dos anjos e a cerimônia do encontro entre Fausto e Mephisto.

Para Tempo, és Belo! Fausto se divide em dois: *O Jovem, O Velho* !

Seguem-se os encontros com Margarida, Helena, Filemon e Baucis, guardiões do bosque com sua última Tília.

Quarta-feira de cinzas e a alegoria do tempo: anjos caídos.

Este espetáculo e o *Beijo No Asfalto* constituíram a base do trabalho apresentado no concurso de Livre Docente na Universidade de Campinas. Nele, faço a descrição passo a passo dos processos criativos e nele estão incluídos os respectivos textos espetaculares.

Na estréia, foi o aplauso mais longo de toda a minha carreira. Em Weimar...

ALGO EM COMUM
Clarisse Abujamra e Petrônio Gontijo
páginas seguintes – **MEPHISTO** cenas do espetáculo

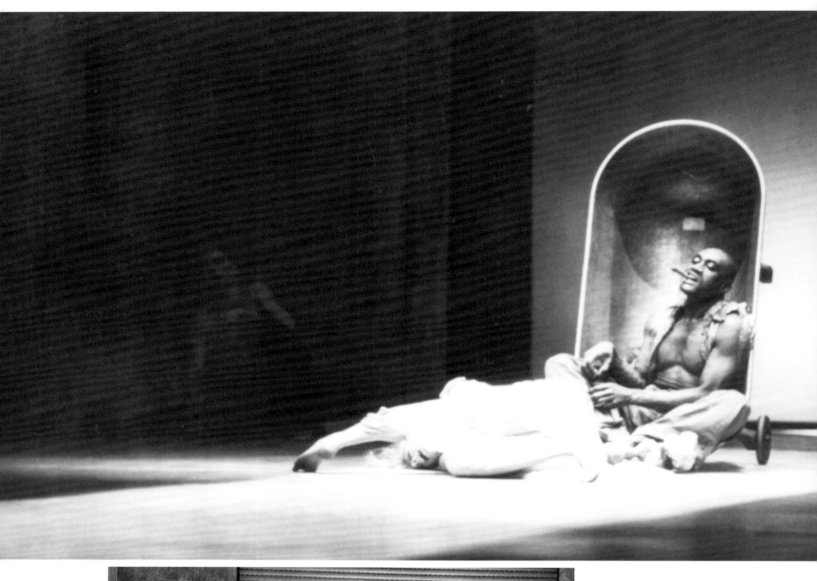

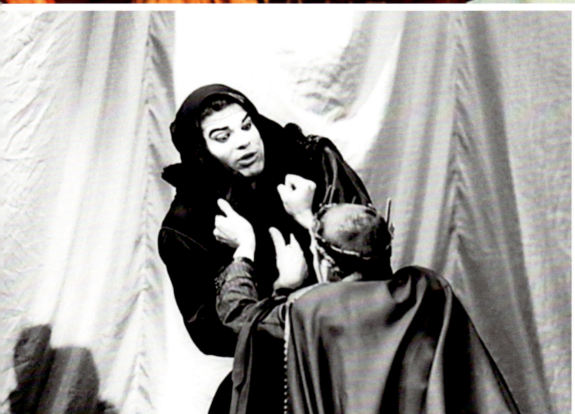

Édipo Rei
de Sófocles
direção
Marcio Aurelio

ÉDIPO REI (RAZÕES INVERSAS / 2000)

Paralelamente aos trabalhos realizados fora da universidade, podia refletir sobre ele dentro do meio acadêmico. Foi assim que pude retomar o trabalho sobre gestualidade trágica a partir de *Édipo,* de Sófocles. Voltava a um território já palmeado, agora de forma arejada, trabalhando com jovens sem vícios teatrais. A pesquisa versava sobre a máscara como corpo total. A oralidade em decorrência de situações, impondo ações. Gestualidade desenhada pelo tema central. A necessidade de decifrar enigmas. O conhecimento. A urgência. O caminho reencontrado. A ação não como ilustração, mas como provocação.

BABEL

De repente toca o telefone. Era Ismael Ivo me chamando para voltar a Weimar, para dirigir o último espetáculo de sua companhia no Teatro Nacional daquela cidade. Foi um processo muito intenso, pois já se sabia que no ano seguinte a companhia, tal como era, seria desfeita. O trabalho foi construído a partir de poemas de Borges como sensibilização para os bailarinos. Em cena tínhamos um espaço construído com grades fazendo um grande cilindro, como jaula onde os bailarinos desenvolviam ações coreográficas, como se estivessem no mundo burocrático do grande escritório, biblioteca criada por Borges. Mundo labiríntico, sem saída para as funções humanas. O cilindro cênico, jaula, girava lentamente e, dentro, estavam as pessoas que se debatiam na busca metafísica pela sobrevivência. Foi o fim.

Ficou a saudade de uma cidade que está envolta em mistérios e elegância.

Caminhar por Weimar, é caminhar nos mistérios deixados pelo tempo e pela romântica vida do campo. A sensação é de que vamos virar a esquina e encontrar Schiller e Goethe como estátuas vivas na frente do teatro. Sobreviventes do próprio nazismo que ousou cobri-los com uma espécie de caixa para não diminuir com suas presenças a figura do Führer.

A biblioteca preciosa, a casa da cidade e a casa de campo de Goethe. A casa de Lizt, e a de Bach. O Hotel Elefante onde se hospedava Walter Benjamim, de fronte à praça do mercado, onde toda manhã passava para ir trabalhar no teatro, ouvindo o mesmo som das moedas sonorizando a coreografia do cotidiano. No caminho para o campo de concentração de Buchenwald, a bela casa de Nietzsche.

Nesta caminhada, passar pela modernidade de Gropius e a Bauhaus.

ÉDIPO REI cenas e cartaz do espetáculo

BABEL convite do espetáculo

PÓLVORA E POESIA

Concomitantemente à construção de *Babel*, veio o convite do ator e produtor Cláudio Fontana para dirigir o texto de Alcides Nogueira. Como o Cláudio tinha outro compromisso, resolveu então ficar só no papel de produtor. Convidamos os atores João Vitti e Leopoldo Pacheco para fazerem, respectivamente, os personagens Rimbaud e Verlaine. Embora amigo há muito tempo do encenador Gabriel Villela, foi nesta ocasião que trabalhamos juntos, ele fazendo a direção de arte do espetáculo, cenário e figurinos.

Logo que iniciamos os ensaios, pedi para a produção um sonoplasta, pois o texto é totalmente rubricado pela incidência musical determinada pelo autor. Depois de dois dias do início dos ensaios, conversando com o então sonoplasta, Fernando Esteves, perguntei se ele tocava, por ser pianista, as peças musicais apontadas no texto. Foi ele dizer que tocava algumas, para que tivesse imediatamente a idéia de colocá-lo em cena tocando ao vivo no espetáculo. Foi um belo trabalho. Daqueles que não se esquece. Onde quer que se tenha apresentado sempre encantou pela poesia do texto e plasticidade do espetáculo.

PÓLVORA E POESIA
João Vitti e Leopoldo Pacheco
Leopoldo Pacheco e João Vitti
Fernando Esteves, João Vitti e Leopoldo Pacheco

PÓLVORA E POESIA
João Vitti e Leopoldo Pacheco
Leopoldo Pacheco e João Vitti

Cena do espetáculo **OS LUSÍADAS**

OS LUSÍADAS

Ruth Escobar me convidou para fazer o espetáculo. Fiquei contente com o convite, mas não pude aceitar, pois dias depois recebi o diagnóstico de que estava com câncer de próstata e era necessário operar. Deixei o espetáculo. Meses depois recebo um telefonema dela, dizendo que tinha realizado o espetáculo com outro diretor, para saber como estava depois da cirurgia. Ao final do telefonema me convidou para almoçar. No almoço, ela então me convida novamente para fazer uma nova versão, pois tinha compromissos a cumprir e o espetáculo que havia realizado não podia participar dos eventos com que estava comprometida. Razão: o espetáculo tinha sido construído em espaço não convencional e ela precisava de um espetáculo em palco italiano. Montei uma equipe maravilhosa. Além dos atores que faziam o espetáculo anterior, como não apontar o trabalho magnífico realizado por Walderez Cardoso Gomes, com uma adaptação genial baseada no texto de Camões. Para a direção de arte, a querida Daniela Thomas, que juntamente com o André Cortez construíram uma cenografia das mais bem-concebidas. Os figurinos davam uma dimensão absolutamente contemporânea, como se fossem astronautas soltos pelos espaços.

Em Portugal o espetáculo, na noite da estreia, era tenso. Quando terminou, fomos cumprimentados por personalidades portuguesas. Entre outros, estava o senhor Mário Soares, que relatou o medo que sentira antes de começar o espetáculo e a satisfação após assistir – pois estávamos lidando com a obra máxima da cultura portuguesa – e que havíamos recriado galhardamente o texto de Camões.

TRISTÃO E ISOLDA

Durante a criação de *Babel*, uma tarde, em Weimar, no intervalo dos ensaios, Ismael Ivo me contou do convite que tinha recebido para participar de uma gala em Viena, no encerramento do seminário organizado pela Universidade Internacional da Paz. Perguntou-me se poderia ajudá-lo. Concordei, é óbvio. Dando tratos ao assunto, perguntei quem mais faria parte do evento. Fiquei surpreso ao saber que a querida Márcia Haydeé também participaria. Disse então, porque você não liga para ela? Ismael respondeu que a conhecera rapidamente. Telefonemas feitos, uma semana depois esperávamos por ela na estação de trens de Weimar para começar os ensaios. Foi meteórico. Quando vimos, já estávamos indo para Viena. Foi uma grande emoção. Tínhamos preparado uma performance que durava quinze minutos. Quando terminou foi uma ovação. Meses depois, estávamos estreando no Theater Hauss, em Stuttgart, uma versão completa com uma hora de duração. Viajou pelo mundo todo o espetáculo. Em São Paulo, no Teatro Anchieta, foi a sua última apresentação. Fica a saudade de um encontro artístico tão feliz.

SOUVENIR

Fernando Bonassi e Victor Navas chegaram com o texto e data marcada para estreia no Sesi São Paulo. Era pegar ou largar. Pegamos. Trabalho muito intrigante, dramaturgia construída milimetricamente e falando de jovens, relacionamentos e neuras. Como Leopoldo Pacheco e João Vitti, com quem tinha realizado *Pólvora e Poesia*, aguardavam datas em teatros para poder voltar em cartaz, convidei-os para fazer o espetáculo juntamente com a Malu Bierrenbach. Para a cenografia convidamos a Daniela Thomas e André Cortez, que construíram em cena, quarto de motel, a partir de um grande colchão. Foi um prazer trabalhar com pessoas tão criativas. Todas. Era um prazer olhar o espetáculo acontecendo com o público.

TRISTÃO E ISOLDA convite do espetáculo, com Márcia Haydée e Ismael Ivo
SOUVENIR Leopoldo Pacheco e João Vitti

ORESTEIA

A proposta era enfrentar o coro dos anciões que aguardam a volta dos compatriotas da guerra. Altamente poético o trabalho resultou extremamente denso e intenso. Este é daqueles exercícios misteriosos do teatro, que deixam o gosto de quero mais. Constatamos isto nas apresentações que se sucederam. Foi apresentado como convidado quando da abertura do Sesc-Campinas. Cumpriu mais do que determinava a grade pedagógica da universidade. Para os participantes, puro prazer estético.

FAUSTO ZERO (RAZÕES INVERSAS / 2001)

Este trabalho foi realizado com o mesmo elenco de *Édipo*. Trabalho este de conclusão de curso dos alunos em Arte Cênicas da Unicamp. Usamos a bela tradução de Christine Roehrig. Era a oportunidade de retomar Goethe e sua poesia. Os atores tinham amadurecido bastante com a temporada de *Édipo* e isso possibilitou um trabalho extremamente bem-realizado. Tenho que agradecer a generosidade do Gabriel Vilella, que como diretor artístico do Teatro Brasileiro de Comedia – TBC, nos convidou para apresentar os espetáculos nos horários alternativos. Foram dois belos espetáculos com essa turma de formandos. Ficou a sensação de ter contribuído para a formação de bons artistas.

FAUSTO ZERO cenas do espetáculo

AGRESTE, Joca Andreazza

AGRESTE (RAZÕES INVERSAS / 2004)

Newton Moreno é daquelas pessoas especiais, artista de formação. Foi meu aluno na Unicamp e quando terminou o curso de formação veio trabalhar conosco na Razões Inversas, tendo realizado belos trabalhos como ator. Um dia, recebi uma cópia de seu texto *Agreste*. Fiquei estudando por mais de um ano. Tentando várias possibilidades na formação do elenco. Frustrado pela quantidade de recusas, já estava quase desistindo quando tive a ideia de colocá-lo como material de pesquisa sobre formas narrativas, que estávamos desenvolvendo na Companhia Razões Inversas. Foram praticamente nove meses de trabalho e satisfações. Temos ainda hoje, Paulo Marcello, Joca Andreazza e eu, depois de seis anos de temporada, o prazer em apresentá-lo sempre com o frescor da sua criação.

AGRESTE, Joca Andreazza e Paulo Marcello

AGRESTE, cenas do espetáculo

GALVEZ, cenas do espetáculo

DESASSOSSEGO

Voltamos a nos encontrar, Marilena Ansaldi e eu. Estimulada pela crítica de dança Ana Francisca Ponzio, Marilena resolve retomar um trabalho a partir de *O Livro do Desassossego,* de Fernando Pessoa. Marilena tinha ficado por doze anos reclusa, cuidando de sua depressão, e resolveu retomar seu caminho como *performer* a partir deste material. Foi um período de grande efervescência e turbulência criativa. Trancamo-nos na sala de ensaios e quando resolvemos abrir as portas tínhamos uma preciosidade como resultado. Foi um belo reencontro.

GALVEZ, IMPERADOR DO ACRE

A obra de Márcio Souza sempre pairou como material para encenação. Já havia tentado várias vezes trabalhar a partir do livro, mas nunca tinha conseguido chegar ao final. Com a mudança da estrutura curricular do Departamento de Artes Cênicas, abria-se uma nova possibilidade. A proposta em questão era trabalhar a partir de material não dramático. Deu certo. Construímos diferentes versões e todas muito claras como objetivo, ou seja, criar um espetáculo híbrido e crítico, épico. Foi a partir deste espetáculo que um grupo de formandos da Unicamp criou a Companhia Les Commediens Tropicales, com quem viria posteriormente a realizar novos trabalhos.

SOSSEGO E TURBULÊNCIA NO CORAÇÃO DE HORTÊNSIA

O texto de José Antonio de Souza foi o segundo escolhido para fazer parte do projeto Teatro nas Universidades, criado pelos queridos Paulo Goulart e Nicette Bruno, Foi um sucesso em todos os lugares em que se apresentou. Os jovens gostavam da linguagem com a fragmentação das diferentes épocas se entrelaçando e pelo caráter romântico do espetáculo. Neste trabalho, tive o prazer de voltar a me encontrar com Denise Del Vecchio e Plínio Soares e conhecer novos atores que foram muito marcantes no processo de criação do espetáculo.

SOSSEGO E TURBULÊNCIA NO CORAÇÃO DE HORTÊNSIA
Maria Manoela e Renato Scarpin
Maria Manoela, André Frateschi e Plínio Soares
Maria Manoela
Renato Scarpin

SOSSEGO E TURBULÊNCIA NO CORAÇÃO DE HORTÊNSIA
cenas do espetáculo: Renato Scarpin, Maria Manoela e
Denise Del Vecchio

SOSSEGO E TURBULÊNCIA NO CORAÇÃO DE HORTÊNSIA
Maria Manoela e Denise Del Vecchio
cena do espetáculo

PEÇAS

Foi Luiz Paetow que me apresentou a proposta deste espetáculo. Foi um trabalho absolutamente provocante por ser o texto de Gertrude Stein uma reflexão poética sobre teatro. O texto pode ser encarado como palestra ou depoimento de sua vivência com o teatro. É um ponto de partida sobre a idéia de performance. Estreamos no fundo do palco do Teatro FAAP, atrás do cenário da peça que estava em cartaz. Para mim foi extremamente estimulante o trabalho, pois serviu como mudança radical dos procedimentos para a construção da cena.

PEÇAS Luiz Paetow

PEQUENOS CRIMES CONJUGAIS

Espetáculo realizado a partir do convite da produtora Lulu Librandi. Nele voltei a retomar o contato com o ator Petrônio Gontijo e trabalhar com a querida Maria Fernanda Cândido. Pude realizar outro sonho, que foi convidar o arquiteto e cenógrafo Isay Weynfeld para criar o espaço cênico. Era um espetáculo bastante intenso e com belas interpretações. Com ele inauguramos o Teatro Jaraguá.

PEQUENOS CRIMES CONJUGAIS Maria Fernanda Cândido e Petrônio Gontijo

JAVANESA

O texto foi escrito por Alcides Nogueira para o ator Leopoldo Pacheco. E eu escolhido para colocá-lo em cena. Criei com Leopoldo um espetáculo extremamente seco e de intensa força emocional. A condução do desenvolvimento dramático acontecia de maneira solene para teatralizar atitudes cotidianas. Era extremamente belo. Sua simplicidade fluía pelas emoções das personagens, com desenhos muito singulares, como que recortes poéticos sobre o fundo da luminária de papel de arroz que compunha a cenografia e auxiliado pela delicadeza da luz.

A JAVANESA Leopoldo Pacheco

NOVE PARTES DO DESEJO

Quando terminei de ler o texto, estava arrebatado. Liguei imediatamente para a Clarissinha, é como chamo a atriz Clarisse Abujamra. Foi um belo processo de criação sobre o texto. Eram mulheres perdidas num mundo em guerra. Cada personagem se apresentava como que emoldurada pelos destroços da guerra e remexia o lixo em que fora transformado o berço de uma civilização. Clarisse apresentava o espetáculo como sacerdotiza ministrando ritualisticamente a poesia da morte e do amor. Não se poupava em rigorosa e brilhante interpretação. Foi grande a felicidade ao vê-la amadurecida como intérprete pelo rigor, firmeza e poesia.

NOVE PARTES DO DESEJO
Marcio Aurelio
cenário visto dentro da cabine de luz

NOVE PARTES DO DESEJO cenário

CHALAÇA

Les Commediens Tropicalles agora já organizado como grupo de pesquisa sobre linguagem teatral me chamou novamente para dirigir mais este espetáculo. Quando cheguei, já trabalhavam em improvisos no sentido de investigar narrativas épicas como exercício cênico. Eles tomaram como referência a experiência da montagem do Galvez e assim que iniciaram a apresentação do material fomos conversando e demolindo os mitos. Era necessário rever tudo. Outra atitude. Era mais um grupo colocado em cena e mais um a carregar o piano como exercício da sobrevivência no teatro. Não abrir mão do espaço conquistado! Hoje navegam à vela solta, fazendo um percurso autônomo com olhar crítico sobre o Brasil e seus feitos históricos e sócio políticos.

METAFÍSICA DO AMOR E DA MORTE (RAZÕES INVERSAS/2007)

A primeira versão ocorreu no Festival Internacional de Teatro de São José do Rio Preto. Acontecera em um espaço alternativo, uma verdadeira instalação. De lá para a montagem apresentada em São Paulo, anos depois, mudamos tudo. Para começar, organizamos o espetáculo a partir de outros textos, como o *Santo Antão*, de Flaubert, costurando as lamentações burguesas do ermitão. Porém o pensamento de Schopenhauer continuava orientando filosoficamente o discurso da cena.

Outra mudança, a participação de Marilena Ansaldi no espetáculo. Tínhamos o elemento masculino e o feminino se debatendo diante da sua condição moral. O espetáculo era apresentado em dois blocos, no primeiro o Homem entre suas idéias e incomodado pelas perturbadoras visões metafísicas. No segundo, a Mulher sendo seduzida pela sexualidade latente e se penitenciando pelo julgamento e culpa moral.

CHALAÇA cenas do espetáculo

A METAFÍSICA
Marilena Ansaldi e Paulo Marcello
Paulo Marcello e Marilena Ansaldi

SCHUBERTIADE

Este foi um projeto idealizado pela grande pianista portuguesa/brasileira Maria João Pires. Foram três noites de espetáculo com músicos de vários lugares do mundo e com a beleza da melodia de Schubert. As três noites foram assim divididas, primeira *O Anoitecer*, segunda *O Sonho,* terceira *A Primavera.* A primeira noite, ambientada cenograficamente numa caixa-preta onde os músicos se juntavam ao clarão da lua. Na segunda noite, mantínhamos o espaço em negro e dependurado de cabeça para baixo uma grande árvore como num sonho, reforçava o tom dramático da música. Terceira noite, a cena toda aberta e a árvore plantada no meio da cena como que anunciando o início da primavera. A cidade espanhola Escorial foi o nosso porto. Foram vários dias de grande prazer estético e poético. Ficou a saudade desses dias e a lembrança sempre carinhosa de Maria João e a boneca que ela montou em cena no nosso terceiro dia e me deu de presente.

DIGNÍSSIMO FILHO DA MÃE

Sempre cobrava um texto de Leilah Assumpção, até que surgiu a oportunidade. Gostei do argumento e partimos para montá-lo. Finalmente ia trabalhar com a Miriam Mehler e com o Jairo Matos, que davam a impressão de grande intimidade, como mãe e filho. Isto ajudava, e muito, na composição do jogo da cena. Os textos de Leilah têm o frescor da crônica social, com suas vontades e frustrações cotidianas. Não tem como não gostar e criticar esta poesia de nossos dias. A cenografia foi concebida por Sylvia Moreira e dava um ar de grande impacto para a cena, inspiração do pintor americano Edward Hopper, usando como referência o quadro *Quartos ao pé do mar.* Os figurinos foram concebidos por Fábio Namatame.

DIGNISSIMO FILHO DA MÃE Jairo Matos e Míriam Mehler

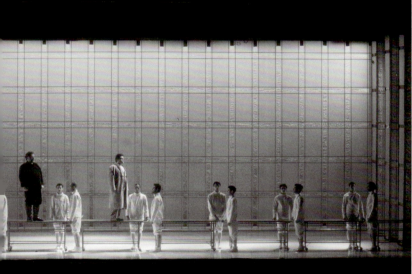

PELLEAS E MELISANDE cenas do espetáculo

PELLEAS E MELISANDE

A peça de Maeterlink serviu de base para Debussy compor esta joia operística. O tratamento musical dado ao material dramatúrgico é de beleza indescritível. Segue *pari passu* o texto de Maeterlink, construindo, a partir da massa sonora, verdadeiras ilhas de poesia. Propõe uma cena sem movimentações. É outra dimensão do drama clássico. Tudo parou, como num sonho, suspenso poeticamente, para o drama acontecer no imaginário do espectador. Musicalmente. Imageticamente. Abre mão dos grandes efeitos operísticos para delicadamente revelar, simbolicamente, a condição humana. A mulher, o homem, o amor, o dentro e o fora da alma com sua escuridão noturna e o brilho do sol para dar contraste aos verdadeiros sentimentos. Mundo absolutamente onírico que teve o espaço cenográfico concebido por André Cortez e os figurinos por Mira Haar. A luz, de grande plasticidade, com seus claros e escuros, foi por mim desenhada, e maravilhosamente executada por Silviane Ticher, iluminadora com quem tenho trabalhado há tempos.

Este é o universo desta obra que tivemos o prazer de realizar no Palácio das Artes em Belo Horizonte. Trabalho extremamente complexo onde dividi a responsabilidade com o maestro Abel Rocha. Lúcia Camargo foi quem fez o convite para a realização em Belo Horizonte.

BALLO

A convite da direção da São Paulo Companhia de Dança, aceitei fazer a encenação da coreografia criada por Ricardo Schei, para a música concebida por André Mehmari a partir da obra de Monteverdi. Ficara sob a minha responsabilidade organizar a dramaturgia da cena e seu aspecto plástico. Propus como arremate dramatúrgico incluir três versões da *Carta Amorosa*, de Monteverdi. Servia como fio de ligação temático para evolução da narrativa já que estávamos desconstruindo a versão original do *Ballo* de Monteverdi. Tinha outros elementos coreográficos inclusos no roteiro, com novas personagens. Isto pedia novos elementos para a sua construção cênica, porém mantinha-se a ideia do amor em combate como eixo central.

ANATOMIA FROZEN
Joca Andreazza e Paulo Marcello

ANATOMIA FROZEN (RAZÕES INVERSAS / 2009)

Foi Rachel Ripani que nos trouxe, a Joca Andreazza, Paulo Marcello e a mim, sua tradução da peça *Frozen* para a Companhia Razões Inversas. Ccomo estávamos estudando Woyzec, pensamos em montar um projeto que somasse tematicamente. O assassinato. A violência da destruição e da morte. Inicialmente pensávamos num espetáculo como pede o texto Frozen. Analisando-o, descobrimos outras possibilidades a partir de sua desconstrução. Foi nossa opção estética estudá-lo separando as personagens nas suas partes fazendo um todo como numa aula de anatomia, dissecando cada elemento que dá forma à personagem, e não sua condição pessoal, dramaticamente. A evolução de cada segmento problematizado e não a evolução dramática da situação. Descobrimos outras possibilidades dramatúrgicas, ou seja, não a evolução dramática, mas análise crítica da condição humana e social do tema apresentado: a psiquiatra, o assassino, a mãe, enfim os papéis sociais. O material dramatúrgico serviu para a composição de recortes de cada personagem esclarecendo as suas contradições morais e não a evolução dramática de situações. Por este trabalho, ganhei o Prêmio de Melhor Diretor de 2009, da Associação dos Críticos de Arte – APCA.

RESTOS

O ator Antonio Fagundes foi convidado por Marília Gabriela para dirigi-la em um espetáculo solo. A mim para fazer a luz. Topei, topamos. De vez em quando aceito estes convites e coloco-me como observador do processo e aprendo com eles. Durante os intervalos sobra sempre tempo para um dedinho de prosa. Aproveitávamos para conversar. Falar. Sobre nós, nossos desejos, vontades, sonhos... Numa destas conversas disse-lhe: Você hoje tem condições de fazer o que quiser no teatro. A experiência somada à inteligência, sensibilidade e dedicação com que sempre enfrentou o seu ofício de homem de teatro o faz reconhecido e considerado no meio teatral e do grande público. Portanto, você pode pensar no *Édipo*, no *Hamlet*, no *Misantropo*, qualquer que seja a sua opção o público irá ao teatro. Acredito que é responsabilidade nossa ajudar sempre na recriação do teatro. É o nosso tempo agora, temos muito por fazer.

Tempos depois, Fagundes retorna com um convite para criar com ele o seu novo espetáculo. Foi um dos processos mais prazerosos, onde todos tinham seus espaços de expressão. *Restos* foi o espetáculo. Texto intrigante, retomando mitos e revirando toda a moralidade. Todos os dias, quando terminava o espetáculo, Fagundes fazia debate com o público. Eram as mais diferentes visões que afloravam da plateia, grande parte dela saía abalada. O mito de Édipo! Falavam também sobre o espetáculo, sua sobriedade, do engalanamento do espaço cenográfico, da luz, da elegância e principalmente do trabalho do Fagundes. Limpo, objetivo. Poético.

RESTOS Antonio Fagundes em cenas do espetáculo

ALGUMAS PALAVRAS MAIS

O que estava atrás da cortina? Polônio esperando a estocada fatal? Esta bela cena de *Hamlet* ainda não fazia parte de meu repertório quando tudo isto começou. Aos cinco anos. Entretanto, toda vez que a vejo me vem a lembrança da minha descoberta. Ao abrir a cortina... Como Hamlet, ávido e curioso. A curiosidade acabou levando-me a descobrir um universo completamente lúdico, criativo, belo. Desde a mais tenra infância vivo o prazer que o teatro propõe que é o de buscar as transformações humanas, sociais. O teatro tem esta capacidade onde quer que o realizem. Por isso que se chama teatro. Existem muitos teatros, cada povo com a sua cultura. Eu escolhi ou fui escolhido? Devoto toda a minha vida a esse mundo de sedução e graça. Por meio dele fui traçando ritualisticamente a saga do homem que quer saber mais, e melhor, para compartilhar com o público. Ao abrir a cortina nos transportamos para o mundo do sensível no qual como suporte mágico vamos virando as páginas para a leitura reprocessada artisticamente das ações humanas. Paisagens onde tudo para por uma fração de tempo e acontece e se fixa no imaginário como retábulo sagrado.

Esquecendo detalhes, alguns muitos, reforçando outros, termino este relato muito feliz. Muitas foram as vezes que tivemos que suspender este trabalho pois o teatro me chamava. Fico emocionado ao rever toda esta trajetória que hoje já tornou referência para novas gerações. Aos que foram citados direta ou indiretamente meu muito obrigado. Aos que involuntariamente deixei de citar peço que me desculpem. Chamam-me dionisiacamente, para voltar ao teatro, que, como se pode ver, está pleno de realizações. Novos chamados indicam o quanto ainda tenho por produzir.

Não poderia deixar de apontar as jovens Fábricas de Cultura, da Secretaria Estadual de Cultura, já em sua terceira edição, no qual desempenho o papel de diretor artístico, já em sua terceira edição. Este trabalho revela que as crianças e os jovens das regiões menos favorecidas da periferia da cidade de São Paulo também podem se expressar dentro de outras linguagens poéticas, que o mundo continua em construção, que somos nós mesmos os responsáveis por isso, e que a arte pode servir como instrumento transformador. O ensinamento propõe pela criação do espetáculo a metáfora da construção da sociedade. Abre-se o espaço para aspectos lúdicos, que podem servir, como diria Hamlet, *mostre o espelho à natureza.*

A Companhia Razões Inversas está trabalhando o projeto Maioridade. No próximo ano completaremos 21 anos e precisamos comemorar. Com trabalho. Abriremos diferentes portas possibilitando aos interessados pelo nosso trabalho, visão mais íntima de nosso dia-a-dia arejando nossa relação interna e externa. Ar novo para o nosso fazer artístico e técnico. Assim sendo, dar aos interessados em nosso trabalho a visão da renovação do nosso poema.

Além disso, ficamos muito contentes com o reconhecimento desses vinte anos de trabalho da companhia, ao ganharmos o Prêmio Governador do Estado de 2010. Prêmio importantíssimo, do início dos anos 50, e que há mais de 20 anos estava suspenso.

Neste ano, ainda ganhei em Piraju não só o título de cidadão emérito, mas, suprema honra, meu nome será dado ao futuro teatro municipal de minha cidade natal: Teatro Municipal Marcio Aurelio.

Concluo mais uma etapa e isto é emocionante. Parece a fábula em que o bom filho a casa torna e no caso para receber homenagens. Minha cidade, por meio da Loja Maçônica, apresentou à Camara Municipal o projeto para entregar-me o título de cidadão emérito. Prova que o trabalho não é em vão. A cidade soube reconhecer isto. Como uma espécie de prêmio por tê-la representado tão honrosamente no percurso da vida. O brilho e a felicidade nos olhares naquela noite de festa em Piraju comprovam que a arte é uma das formas de se fazer sobreviver uma história: pela poesia.

Créditos das Fotografias

Acervo Alcides Nogueira
  foto Gal Oppido 156, 157, 158
  foto Tika Tiritilli 122, 123, 124, 125, 130, 131

Acervo Antonio Fagundes
  foto Ivan Abujamra 4, 203, 204, 205, 206

Acervo Cia Les Commediens Tropicales 172, 173, 194

Acervo Cia Razões Inversas 114, 115, 120, 121, 132
  foto Alexandre de Almeida Neves 138, 139
  foto Tati Cardoso 167, 168, 169, 170, 171, 200, 201
  foto Tika Tiritilli 143, 144, 145, 195

Acervo Iolanda Husak
  foto Iolanda Husak 73, 74, 75, 76, 77, 78, 79

Acervo Luiz Paetow 180, 181

Acervo Lulu Librandi
  foto Vânia Toledo 182, 183

Acervo Leopoldo Pacheco
  foto Vânia Toledo 184, 185, 186, 187, 188, 189

Acervo Marcio Aurelio 18, 21, 24, 27, 31, 37, 40, 41, 42, 43, 50, 51, 53, 54, 56, 57, 58, 59, 60, 62, 65, 66, 67, 68, 71, 80, 81, 85, 86, 87, 89, 90, 91, 92, 93, 94, 95, 96, 97, 98, 99, 103, 104, 105, 141,142, 146, 147, 148, 149, 151, 152, 153, 154, 155, 160, 161, 162, 164, 165, 197, 198, 199

Acervo Marcio Aurelio | Acervo Alcides Nogueira
  foto João Caldas 100, 101

Acervo Marcio Aurelio | Acervo Iolanda Husak
  foto Iolanda Husak: 63, 72, 83

Acervo Marcio Aurelio | Acervo Razões Inversas 107, 108, 110, 111, 112, 113, 116, 117, 118, 119, 127, 128, 129, 134, 135, 136, 137

Acervo Projeto Teatro nas Universidades 174, 177
  foto Arnaldo Torres 175a, 176b, 179
  foto Gal Oppido 175bc, 176a, 178

Foto Daniela Thomas 159, 163

Foto Ivan Abujamra 190, 191, 192, 193

A despeito dos esforços de pesquisa empreendidos pela Editora para identificar a autoria das fotos expostas nesta obra, parte delas não é de autoria conhecida de seus organizadores. Agradecemos o envio ou comunicação de toda informação relativa à autoria e/ou a outros dados que porventura estejam incompletos, para que sejam devidamente creditados.

Coleção Aplauso

SÉRIE CINEMA BRASIL

Alain Fresnot – Um Cineasta sem Alma
Alain Fresnot

Agostinho Martins Pereira – Um Idealista
Máximo Barro

Alfredo Sternheim – Um Insólito Destino
Alfredo Sternheim

O Ano em Que Meus Pais Saíram de Férias
Roteiro de Cláudio Galperin, Bráulio Mantovani, Anna Muylaert e Cao Hamburger

Anselmo Duarte – O Homem da Palma de Ouro
Luiz Carlos Merten

Antonio Carlos da Fontoura – Espelho da Alma
Rodrigo Murat

Ary Fernandes – Sua Fascinante História
Antônio Leão da Silva Neto

O Bandido da Luz Vermelha
Roteiro de Rogério Sganzerla

Batismo de Sangue
Roteiro de Dani Patarra e Helvécio Ratton

Bens Confiscados
Roteiro comentado pelos seus autores Daniel Chaia e Carlos Reichenbach

Braz Chediak – Fragmentos de uma vida
Sérgio Rodrigo Reis

Cabra-Cega
Roteiro de Di Moretti, comentado por Toni Venturi e Ricardo Kauffman

O Caçador de Diamantes
Roteiro de Vittorio Capellaro, comentado por Máximo Barro

Carlos Coimbra – Um Homem Raro
Luiz Carlos Merten

Carlos Reichenbach – O Cinema Como Razão de Viver
Marcelo Lyra

A Cartomante
Roteiro comentado por seu autor Wagner de Assis

Casa de Meninas
Romance original e roteiro de Inácio Araújo

O Caso dos Irmãos Naves
Roteiro de Jean-Claude Bernardet e Luis Sérgio Person

O Céu de Suely
Roteiro de Karim Aïnouz, Felipe Bragança e Maurício Zacharias

Chega de Saudade
Roteiro de Luiz Bolognesi

Cidade dos Homens
Roteiro de Elena Soárez

Como Fazer um Filme de Amor
Roteiro escrito e comentado por Luiz Moura e José Roberto Torero

O Contador de Histórias
Roteiro de Luiz Villaça, Mariana Veríssimo, Maurício Arruda e José Roberto Torero

Críticas de B.J. Duarte – Paixão, Polêmica e Generosidade
Luiz Antonio Souza Lima de Macedo

Críticas de Edmar Pereira – Razão e Sensibilidade
Org. Luiz Carlos Merten

Críticas de Jairo Ferreira – Críticas de invenção:
Os Anos do São Paulo Shimbun
Org. Alessandro Gamo

Críticas de Luiz Geraldo de Miranda Leão – Analisando
Cinema: Críticas de LG
Org. Aurora Miranda Leão

Críticas de Ruben Biáfora – A Coragem de Ser
Org. Carlos M. Motta e José Júlio Spiewak

De Passagem
Roteiro de Cláudio Yosida e Direção de Ricardo Elias

Desmundo
Roteiro de Alain Fresnot, Anna Muylaert e Sabina Anzuategui

Djalma Limongi Batista – Livre Pensador
Marcel Nadale

Dogma Feijoada: O Cinema Negro Brasileiro
Jeferson De

Dois Córregos
Roteiro de Carlos Reichenbach

A Dona da História
Roteiro de João Falcão, João Emanuel Carneiro e Daniel Filho

Os 12 Trabalhos
Roteiro de Cláudio Yosida e Ricardo Elias

Estômago
Roteiro de Lusa Silvestre, Marcos Jorge e Cláudia da Natividade

Feliz Natal
Roteiro de Selton Mello e Marcelo Vindicatto

Fernando Meirelles – Biografia Prematura
Maria do Rosário Caetano

Fim da Linha
Roteiro de Gustavo Steinberg e Guilherme Werneck; Storyboards de Fábio Moon e Gabriel Bá

Fome de Bola – Cinema e Futebol no Brasil
Luiz Zanin Oricchio

Francisco Ramalho Jr. – Éramos Apenas Paulistas
Celso Sabadin

Geraldo Moraes – O Cineasta do Interior
Klecius Henrique

Guilherme de Almeida Prado – Um Cineasta Cinéfilo
Luiz Zanin Oricchio

Helvécio Ratton – O Cinema Além das Montanhas
Pablo Villaça

O Homem que Virou Suco
Roteiro de João Batista de Andrade, organização de Ariane Abdallah e Newton Cannito

Ivan Cardoso – O Mestre do Terrir
Remier

João Batista de Andrade – Alguma Solidão
e Muitas Histórias
Maria do Rosário Caetano

Jorge Bodanzky – O Homem com a Câmera
Carlos Alberto Mattos

José Antonio Garcia – Em Busca da Alma Feminina
Marcel Nadale

José Carlos Burle – Drama na Chanchada
Máximo Barro

Liberdade de Imprensa – O Cinema de Intervenção
Renata Fortes e João Batista de Andrade

Luiz Carlos Lacerda – Prazer & Cinema
Alfredo Sternheim

Maurice Capovilla – A Imagem Crítica
Carlos Alberto Mattos

Mauro Alice – Um Operário do Filme
Sheila Schvarzman

Máximo Barro – Talento e Altruísmo
Alfredo Sternheim

Miguel Borges – Um Lobisomem Sai da Sombra
Antônio Leão da Silva Neto

Não por Acaso
Roteiro de Philippe Barcinski, Fabiana Werneck Barcinski
e Eugênio Puppo

Narradores de Javé
Roteiro de Eliane Caffé e Luís Alberto de Abreu

Onde Andará Dulce Veiga
Roteiro de Guilherme de Almeida Prado

Orlando Senna – O Homem da Montanha
Hermes Leal

Pedro Jorge de Castro – O Calor da Tela
Rogério Menezes

Quanto Vale ou É por Quilo
Roteiro de Eduardo Benaim, Newton Cannito e Sergio Bianchi

Ricardo Pinto e Silva – Rir ou Chorar
Rodrigo Capella

Rodolfo Nanni – Um Realizador Persistente
Neusa Barbosa

Salve Geral
Roteiro de Sergio Rezende e Patrícia Andrade

O Signo da Cidade
Roteiro de Bruna Lombardi

Ugo Giorgetti – O Sonho Intacto
Rosane Pavam

Viva-Voz
Roteiro de Márcio Alemão

Vladimir Carvalho – Pedras na Lua e Pelejas no Planalto
Carlos Alberto Mattos

Vlado – 30 Anos Depois
Roteiro de João Batista de Andrade

Zuzu Angel
Roteiro de Marcos Bernstein e Sergio Rezende

SÉRIE CINEMA

Bastidores – Um Outro Lado do Cinema
Elaine Guerini

Série Ciência & Tecnologia
Cinema Digital – Um Novo Começo?
Luiz Gonzaga Assis de Luca

A Hora do Cinema Digital – Democratização
e Globalização do Audiovisual
Luiz Gonzaga Assis De Luca

SÉRIE CRÔNICAS

Crônicas de Maria Lúcia Dahl – O Quebra-cabeças
Maria Lúcia Dahl

SÉRIE DANÇA

Rodrigo Pederneiras e o Grupo Corpo – Dança Universal
Sérgio Rodrigo Reis

SÉRIE MÚSICA

Claudette Soares – A Bossa Sexy e Romântica
de Claudette Soares
Rodrigo Faour

Diogo Pacheco – Um Maestro Para Todos
Alfredo Sternheim

Rogério Duprat – Ecletismo Musical
Máximo Barro

Sérgio Ricardo – Canto Vadio
Eliana Pace

Toninho Horta – Harmonia Compartilhada
Maria Tereza R. Arruda Campos

Wagner Tiso – Som, Imagem, Ação
Beatriz Coelho Silva

SÉRIE TEATRO BRASIL

Alcides Nogueira – Alma de Cetim
Tuna Dwek

Antenor Pimenta – Circo e Poesia
Danielle Pimenta

Cia de Teatro Os Satyros – Um Palco Visceral
Alberto Guzik

Críticas de Clóvis Garcia – A Crítica Como Oficio
Org. Carmelinda Guimarães

Críticas de Maria Lucia Candeias – Duas Tábuas e Uma Paixão
Org. José Simões de Almeida Júnior

Federico Garcia Lorca – Pequeno Poema Infinito
Antonio Gilberto e José Mauro Brant

Ilo Krugli – Poesia Rasgada
Ieda de Abreu

João Bethencourt – O Locatário da Comédia
Rodrigo Murat

José Renato – Energia Eterna
Hersch Basbaum

Leilah Assumpção – A Consciência da Mulher
Eliana Pace

Luís Alberto de Abreu – Até a Última Sílaba
Adélia Nicolete

Maurice Vaneau – Artista Múltiplo
Leila Corrêa

Renata Palottini – Cumprimenta e Pede Passagem
Rita Ribeiro Guimarães

Teatro Brasileiro de Comédia – Eu Vivi o TBC
Nydia Licia

O Teatro de Abílio Pereira de Almeida
Abílio Pereira de Almeida

O Teatro de Alberto Guzik
Alberto Guzik

O Teatro de Antonio Rocco
Antonio Rocco

O Teatro de Cordel de Chico de Assis
Chico de Assis

O Teatro de Emílio Boechat
Emílio Boechat

O Teatro de Germano Pereira – Reescrevendo Clássicos
Germano Pereira

O Teatro de José Saffioti Filho
José Saffioti Filho

O Teatro de Alcides Nogueira – Trilogia: Ópera Joyce – Gertrude
Stein, Alice Toklas & Pablo Picasso –
Pólvora e Poesia
Alcides Nogueira

O Teatro de Ivam Cabral – Quatro textos para um teatro veloz:
Faz de Conta que tem Sol lá Fora – Os Cantos de Maldoror
– De Profundis – A Herança do Teatro
Ivam Cabral

O Teatro de Noemi Marinho: Fulaninha e Dona Coisa,
Homeless, Cor de Chá, Plantonista Vilma
Noemi Marinho

Teatro de Revista em São Paulo – De Pernas para o Ar
Neyde Veneziano

O Teatro de Samir Yazbek: A Entrevista –

O Fingidor – A Terra Prometida
Samir Yazbek

O Teatro de Sérgio Roveri
Sérgio Roveri

Teresa Aguiar e o Grupo Rotunda – Quatro Décadas em Cena
Ariane Porto

SÉRIE PERFIL

Aracy Balabanian – Nunca Fui Anjo
Tania Carvalho

Arllete Montenegro – Fé, Amor e Emoção
Alfredo Sternheim

Ary Fontoura – Entre Rios e Janeiros
Rogério Menezes

Berta Zemel – A Alma das Pedras
Rodrigo Antunes Corrêa

Bete Mendes – O Cão e a Rosa
Rogério Menezes

Betty Faria – Rebelde por Natureza
Tania Carvalho

Carla Camurati – Luz Natural
Carlos Alberto Mattos

Cecil Thiré – Mestre do seu Ofício
Tania Carvalho

Celso Nunes – Sem Amarras
Eliana Rocha

Cleyde Yaconis – Dama Discreta
Vilmar Ledesma

David Cardoso – Persistência e Paixão
Alfredo Sternheim

Débora Duarte – Filha da Televisão
Laura Malin

Denise Del Vecchio – Memórias da Lua
Tuna Dwek

Elisabeth Hartmann – A Sarah dos Pampas
Reinaldo Braga

Emiliano Queiroz – Na Sobremesa da Vida
Maria Leticia

Etty Fraser – Virada Pra Lua
Vilmar Ledesma

Ewerton de Castro – Minha Vida na Arte: Memória e Poética
Reni Cardoso

Fernanda Montenegro – A Defesa do Mistério
Neusa Barbosa

Fernando Peixoto – Em Cena Aberta
Marília Balbi

Geórgia Gomide – Uma Atriz Brasileira
Eliana Pace

Gianfrancesco Guarnieri – Um Grito Solto no Ar
Sérgio Roveri

Glauco Mirko Laurelli – Um Artesão do Cinema
Maria Angela de Jesus

Ilka Soares – A Bela da Tela
Wagner de Assis

Irene Ravache – Caçadora de Emoções
Tania Carvalho

Irene Stefania – Arte e Psicoterapia
Germano Pereira

Isabel Ribeiro – Iluminada
Luis Sergio Lima e Silva

Isolda Cresta – Zozô Vulcão
Luis Sérgio Lima e Silva

Joana Fomm – Momento de Decisão
Vilmar Ledesma

John Herbert – Um Gentleman no Palco e na Vida
Neusa Barbosa

Jonas Bloch – O Ofício de uma Paixão
Nilu Lebert

Jorge Loredo – O Perigote do Brasil
Cláudio Fragata

José Dumont – Do Cordel às Telas
Klecius Henrique

Leonardo Villar – Garra e Paixão
Nydia Licia

Lília Cabral – Descobrindo Lília Cabral
Analu Ribeiro

Lolita Rodrigues – De Carne e Osso
Eliana Castro

Louise Cardoso – A Mulher do Barbosa
Vilmar Ledesma

Marcos Caruso – Um Obstinado
Eliana Rocha

Maria Adelaide Amaral – A Emoção Libertária
Tuna Dwek

Marisa Prado – A Estrela, O Mistério
Luiz Carlos Lisboa

Mauro Mendonça – Em Busca da Perfeição
Renato Sérgio

Miriam Mehler – Sensibilidade e Paixão
Vilmar Ledesma

Naum Alves de Souza: Imagem, Cena, Palavra
Alberto Guzik

Nicette Bruno e Paulo Goulart – Tudo em Família
Elaine Guerrini

Nívea Maria – Uma Atriz Real
Mauro Alencar e Eliana Pace

Niza de Castro Tank – Niza, Apesar das Outras
Sara Lopes

Paulo Betti – Na Carreira de um Sonhador
Teté Ribeiro

Paulo José – Memórias Substantivas
Tania Carvalho

Pedro Paulo Rangel – O Samba e o Fado
Tania Carvalho

Regina Braga – Talento é um Aprendizado
Marta Góes

Reginaldo Faria – O Solo de Um Inquieto
Wagner de Assis

Renata Fronzi – Chorar de Rir
Wagner de Assis

Renato Borghi – Borghi em Revista
Élcio Nogueira Seixas

Renato Consorte – Contestador por Índole
Eliana Pace

Rolando Boldrin – Palco Brasil
Ieda de Abreu

Rosamaria Murtinho – Simples Magia
Tania Carvalho

Rubens de Falco – Um Internacional Ator Brasileiro
Nydia Licia

Ruth de Souza – Estrela Negra
Maria Ângela de Jesus

Sérgio Hingst – Um Ator de Cinema
Máximo Barro

Sérgio Viotti – O Cavalheiro das Artes
Nilu Lebert

Silnei Siqueira – A Palavra em Cena
Ieda de Abreu

Silvio de Abreu – Um Homem de Sorte
Vilmar Ledesma

Sônia Guedes – Chá das Cinco
Adélia Nicolete

Sonia Maria Dorce – A Queridinha do meu Bairro
Sonia Maria Dorce Armonia

Sonia Oiticica – Uma Atriz Rodriguiana?
Maria Thereza Vargas

Stênio Garcia – Força da Natureza
Wagner Assis

Suely Franco – A Alegria de Representar
Alfredo Sternheim

Tatiana Belinky – ... E Quem Quiser Que Conte Outra
Sérgio Roveri

Theresa Amayo – Ficção e Realidade
Theresa Amayo

Tony Ramos – No Tempo da Delicadeza
Tania Carvalho

Umberto Magnani – Um Rio de Memórias
Adélia Nicolete

Vera Holtz – O Gosto da Vera
Analu Ribeiro

Vera Nunes – Raro Talento
Eliana Pace

Walderez de Barros – Voz e Silêncios
Rogério Menezes

Walter George Durst – Doce Guerreiro
Nilu Lebert

Zezé Motta – Muito Prazer
Rodrigo Murat

ESPECIAL

Agildo Ribeiro – O Capitão do Riso
Wagner de Assis

Av. Paulista, 900 – a História da TV Gazeta
Elmo Francfort

Beatriz Segall – Além das Aparências
Nilu Lebert

Carlos Zara – Paixão em Quatro Atos
Tania Carvalho

Charles Möeller e Claudio Botelho – Os Reis dos Musicais
Tania Carvalho

Cinema da Boca – Dicionário de Diretores
Alfredo Sternheim

Dina Sfat – Retratos de uma Guerreira
Antonio Gilberto

Eva Todor – O Teatro de Minha Vida
Maria Angela de Jesus

Eva Wilma – Arte e Vida
Edla van Steen

Gloria in Excelsior – Ascensão, Apogeu e Queda do Maior
Sucesso da Televisão Brasileira
Álvaro Moya

Lembranças de Hollywood
Dulce Damasceno de Britto, organizado por Alfredo
Sternheim

Maria Della Costa – Seu Teatro, Sua Vida
Warde Marx

Mazzaropi – Uma Antologia de Risos
Paulo Duarte

Ney Latorraca – Uma Celebração
Tania Carvalho

Odorico Paraguaçu: O Bem-amado de Dias Gomes – História
de um personagem larapista e maquiavelento
José Dias

Raul Cortez – Sem Medo de se Expor
Nydia Licia

Rede Manchete – Aconteceu, Virou História
Elmo Francfort

Sérgio Cardoso – Imagens de Sua Arte
Nydia Licia

Tônia Carrero – Movida pela Paixão
Tania Carvalho

TV Tupi – Uma Linda História de Amor
Vida Alves

Victor Berbara – O Homem das Mil Faces
Tania Carvalho

Walmor Chagas – Ensaio Aberto para Um Homem Indignado
Djalma Limongi Batista

Biblioteca da Imprensa Oficial do Estado de São Paulo

Cunha, Aguinaldo Cristofani Ribeiro da

Márcio Aurélio : que estava atrás da cortina / Aguinaldo Cristofani Ribeiro da Cunha – São Paulo : Imprensa Oficial do Estado de São Paulo, 2010.

220p. : il. – (Coleção aplauso. Série especial / Coordenador geral Rubens Ewald Filho)

ISBN 978-85-7060-944-1

1. Teatro – Produtores e diretores 2. Teatro brasileiro – História e crítica 3. Aurélio, Márcio, 1948 I. Ewald Filho, Rubens. II. Título. III. Série.

CDD 792.092 8 1

Índice para catálogo sistemático:

1. Brasil : Teatro : Produtores e diretores : Biografia 792.092 8 1

impresso no brasil / 2010

Foi feito o depósito legal na Biblioteca Nacional
[Lei no 10.994, de 14/12/2004]

Direitos reservados e protegidos pela Lei 9.610/98

Proibida a reprodução total ou parcial sem a prévia autorização dos editores.

Imprensa Oficial do Estado de Sao Paulo
Rua da Mooca, 1.921 Mooca
03103-902 Sao Paulo SP Brasil
sac 0800 01234 01
sac@imprensaoficial.com.br
livros@imprensaoficial.com.br
www.imprensaoficial.com.br

imprensaoficial

Imprensa Oficial do Estado de São Paulo

diretor industrial
Teiji Tomioka

diretor financeiro
Flávio Capello

diretora de gestão de negócios
Lucia Maria Dal Medico

gerente de produtos editoriais e institucionais
Vera Lúcia Wey

Coleção Aplauso
Série Especial

Coordenador Geral	Rubens Ewald Filho
Editor Assistente	Claudio Erlichman
Assistente	Charles Igor Bandeira
Projeto Gráfico	Via Impressa Design Gráfico
Direção de Arte	Clayton Policarpo Paulo Otavio
Editoração	Douglas Germano Emerson Brito
Tratamento de Imagens	José Carlos da Silva
Revisão	Wilson Ryoji Imoto

Formato	31x23cm
Papel Miolo	Couché fosco 150g/m^2
Papel Capa	Triplex 350g/m^2
Tipologia	ChaletComprime, Univers
Número de páginas	220
CTP, Impressão e Acabamento	Imprensa Oficial do Estado de São Paulo

Nesta edição, respeitou-se o novo
Acordo Ortográfico da Língua Portuguesa